스크래치로 배워보자!
머 신 러 닝

스크래치로 배워보자!
머 신 러 닝

13가지 AI 프로젝트

데일 레인 지음   장기식 · 김정선 · 한택룡 옮김

i!i
에이콘

에이콘출판의 기틀을 마련하신 故 정완재 선생님 (1935-2004)

추천의 글

아버지는 세기가 바뀔 무렵 일리노이에서 어린 시절을 보내셨습니다. 이 시기는 1900년대로 라디오가 나오기 시작하고, 지퍼도 막 발명됐으며 찰리 채플린 Charlie Chaplin의 인기가 대단했습니다. 또한 린드버그Lindberg는 아직 대서양을 건너지 못했고 타이타닉Titanic호가 침몰했으며 모델 T[1]가 출시됐을 뿐만 아니라, 세계의 대부분은 여전히 다양한 군주제를 따르거나 광대하게 뻗어나가는 제국의 지배를 받고 있었습니다.

텍사스의 대평원에서 어린 시절을 보냈을 때, 인류는 달에 사람을 보냈으며, 컴퓨터는 엄청나게 크고 비쌌습니다. 인터넷은 아직 발명되지 않았으며 플라스틱이 널리 사용되기 시작했습니다. 지구 반대편에 있는 사람과 대화하려면 비용이 많이 들었습니다. 저는 무더운 여름날 오후가 되면 제 침실에서 화약을 만들고(어머니, 죄송합니다!) 모형 로켓을 발사했으며 별에 가는 꿈을 꾸면서 시간을 보냈습니다. 저는 12살 때 처음으로 기본 부품으로만 컴퓨터를 조립했습니다. 여기서 "기본 부품"은 말 그대로 개별 트랜지스터와 다이오드, 저항, 트랜지스터들을 사용해 만들었다는 것을 의미합니다. 저는 스탠포드 연구소 Stanford Research Institute의 훌륭한 사람들이 만든 셰이키Shakey라는 놀라운 로봇에 대한 글을 읽었으며, 영화관에서 스탠리 큐브릭Stanley Kubrick 감독의 〈2001: 스페이스 오디세이A Space Odyssey〉 영화에 나오는 인공지능 컴퓨터 HAL를 넋을 잃고

---

1   포드 모델 T(Ford Model T)는 1908년부터 1927년까지 포드 자동차 회사에서 제조/판매한 자동차로, "미국의 자동차 시대를 열다(put America on wheels)"라는 말이 있을 정도로 자동차의 대중화를 이끈 역사적인 자동차 모델이다.(출처: 위키피디아(https://bit.ly/2UbsM6D))

봤습니다. 그 후로 저는 사람들을 별에 데려다 줄 컴퓨터를 만들겠다는 목표를 세웠습니다. 그리고 지금 저는 그런 일을 많이 하고 있습니다.

지금은 아버지와 제가 자라면서 경험했던 세상과는 전혀 다른 세상입니다. 어떤 면에서는 더 낫지만 다른 면에서는 그렇지 않습니다. 그러나 변하지 않는 한 가지 사실은 꿈을 꾸고 그 꿈을 현실로 만들기 위해 노력하는 우리의 능력입니다. 오늘날, 여러분은 손에 쥘 수 있는 작은 장치를 사용해 세상의 지식을 얻을 수 있습니다. 또한 세계 반대편에 있는, 아니, 우주에 있는 사람과도 실시간으로 소통할 수 있습니다. 자동차는 이제 전기차가 됐고 어떤 자동차는 스스로 주행합니다. 인류는 달을 넘어 로봇을 화성으로 보냈으며 태양계 밖으로 우주선을 보냈습니다. 컴퓨터 덕분에 우리는 더 적은 비용으로 더 많은 것을 생산할 수 있게 됐고 현실을 증강할 뿐만 아니라 초월하는 예술 작품을 만들 수 있습니다. 또 우리의 몸과 마음을 확장시켰으며 우리가 상상했던 것보다 훨씬 더 깊고 넓은 방법으로 우주를 연구할 수 있게 됐습니다.

더욱 놀라운 것은 컴퓨터가 매우 저렴해지고 계산 능력이 엄청 좋아졌기 때문에 거의 모든 사람이 상상만 했던 것을 컴퓨터를 사용해 만드는 방법을 배울 수 있게 됐습니다. 이것이 바로 우리의 상상력을 컴퓨터에서 작동하는 시스템으로 바꿔줄 수 있는 추상화와 알고리듬의 관점에서 세상에 접근하는 컴퓨팅 사고^{computational thinking}[2] 방법입니다. 여러분은 재정을 관리하거나 집의 난방을 조절하거나, 우주로 발사되는 로켓의 궤적을 계산하기 위해 주로 상징적인 관점에서 생각하게 될 것입니다. 그러나 자율주행 자동차나 사람과 안전하게 상호작용하는 로봇 또는 도전적인 가상의 상대를 제공하는 비디오 게임을 만들고 싶다면 다른 방식의 컴퓨터 작업이 필요한데, 여기에 인공지능과 머신러닝

---

2   컴퓨터가 처리할 수 있도록 문제와 해결책을 표현하는 사고 과정으로 컴퓨터에게 뭘 해야 할지를 사람이 설명해 주는 것이라고 볼 수 있다.(출처: 정보통신용어사전(https://bit.ly/3gxF68K))

이 필요합니다. 컴퓨팅 선구자 중의 한 사람인 앨런 튜링^{Alan Turing}의 시대부터 컴퓨터 과학자들은 사람처럼 추론하고 배우고 행동하는 컴퓨터를 만들려고 노력해왔으며, 최근 머신러닝의 발전으로 이제는 우리가 만들 수 있게 됐습니다.

이 책에서 여러분은 인공지능^{AI}과 머신러닝^{ML}의 기초를 배워 여러분만의 게임과 시리나 빅스비와 같은 인지 비서^{cognitive assistant} 뿐만 아니라 언어와 그림이나 사진과 같은 이미지를 구별할 수 있는 프로그램을 만들어봅니다. 어린 시절에 아버지가 들으셨다면 여러분이 여기에서 하게 될 일을 완벽한 마술이라고 생각하셨을 것입니다. 그러나 곧 여러분은 그 일이 마법이 아니라 소프트웨어일 뿐임을 알게 될 것입니다. 이런 모든 일을 하는 컴퓨터에 숙달하는 것은 여러분의 능력에 달려 있습니다.

제가 기쁘게 생각하는 것은 이 책이 여러분에게 현대 컴퓨터 과학과 관련된 인공지능 시스템 구축에 도움을 줄 수 있기 때문입니다. 게다가 이 책은 어려운 내용을 다루지 않습니다. 이 책에서 머신러닝 기술을 사용할 때 마주칠 수 있는 편견과 다른 윤리적인 문제를 배우게 될 텐데, 이 책의 범위를 넘어서 작업을 계속하게 되면 문제가 될 수 있습니다.

제가 어렸을 때 이런 책이 있었더라면 좋았을 것입니다. 그러나 여기에서 설명하는 대부분의 아이디어가 당시에는 아직 발명되지 않았기 때문에 그런 책은 존재할 수 없었습니다. 그래서 저는 여러분들께 다음과 같이 질문합니다. 인공지능과 머신러닝을 배운 다음, 아직 아무도 하지 않았던 것을 발명할 수 있나요?

IBM 연구소의 소프트웨어 엔지니어링
IBM 연구원 및 수석 과학자
그레이디 부치 ^{Grady Booch}

지은이 소개

데일 레인 Dale Lane

인공지능과 머신러닝 분야에서 경력을 쌓은 IBM의 수석 개발자다. IBM 고객들의 다양한 인공지능 프로젝트와 IBM의 인공지능 플랫폼인 왓슨 Watson 개발에 다년간 참여했다.

감사의 글

이 책을 쓰면서 많은 도움을 받았습니다. 노스타치 출판사 대표님이신 빌 폴락Bill Pollock과 편집자 바바라 옌Barbara Yien, 제작 편집자이자 교열자인 레이첼 모나한Rachel Monaghan, 개발 편집자 패트릭 디후스토Patrick DiJusto와 아싸바스카 윗스키Athabasca Witschi, 기술 검토자 마야 포스치Maya Posch를 포함한 많은 노스타치 출판사No Starch Press의 직원들에게 감사를 드립니다.

선견지명으로 스크래치를 확장시킬 수 있게 하고, 관대하게(소스코드를 포함해) 모든 것을 무료로 제공할 수 있도록 스크래치를 개발한 MIT 미디어 연구실Media Lab의 평생 유치원 그룹Lifelong Kindergarten Group에 매우 감사드립니다. 덕분에 스크래치로 어린이를 위한 머신러닝 프로젝트를 수행할 수 있게 됐습니다.

마지막으로 학생들과 함께 이 책의 프로젝트를 개발하고 테스트할 수 있게 해주신 허슬리Hursley에 있는 존 케블 초등학교John Keble CofE Primary School에 감사드립니다.

기술 감수자 소개

마야 포시 Maya Posch

C++와 Ada[1] 그리고 VHDLVHSIC Dardware Description Language(초고속 집적 회로 하드웨어 기술 언어, 超高速集積回路-記述言語)[2]을 전문으로 하는 소프트웨어와 하드웨어 개발자다. 소설 및 논픽션 작품을 쓰면서 프리랜서 개발자로 일하고 있다.

---

1 미 국방부의 주도로 개발된 고급 프로그램 작성 언어. 이 이름은 인류 최초의 프로그램 작성자로 일컬어지는 러브 레이스 에이다의 이름을 딴 것이다. 에이다는 현존하는 언어의 장점을 모두 모은 언어라고 할 수 있다. 특히 소프트웨어의 신뢰성과 유지 보수성이 요구되는 오늘날에는 소프트웨어 공학의 한 분야로 에이다를 인식하는 경향도 있다.(출처: 정보통신용어사전)

2 미국 국방부에서 개발한 하드웨어의 논리 설계 기술용(記述用) 언어. 특정 용도 집적 회로(ASIC)의 설계가 복잡해짐에 따라 주목받게 됐으며 세계 표준적 지위를 차지하고 있다. 에이다(Ada)를 기반으로 해 장치 규격의 시뮬레이션, 설계, 검증 등에 적합하도록 개발된 언어. 이 언어의 규격은 미국 ANSI/IEEE 1076으로 채택돼 1987년에 공표됐다. 1992년에 초고속 집적 회로 하드웨어 기술 언어(VHDL)의 개정판인 VHDL 92가 발표됐다.(출처: 정보통신용어사전)

옮긴이 소개

장기식 (honors@nate.com)

경희대학교에서 대수학을 전공했으며, 고려 대학교 정보보호대학원에서 박사 학위를 취득 했다. 이후 약 10년간 경찰청 사이버안전국 디 지털포렌식센터에서 디지털포렌식 업무를 담당 했다. 경찰대학 치안정책연구소에서 데이터 분 석을 접한 이후 데이터 분석을 기반으로 한 머 신러닝 기술을 연구했으며, 이 경험을 바탕으로 현재 아이브스 CTO 및 AI LAB 연구소장으로 딥  러닝 기반 영상 및 음향·음성 보안 솔루션과 데이터 분석 플랫폼 개발 및 연 구를 책임지고 있다. 번역서로는『보안을 위한 효율적인 방법 PKI』(인포북, 2003) 와『EnCase 컴퓨터 포렌식』(에이콘, 2015),『인텔리전스 기반 사고 대응』(에이콘, 2019),『적대적 머신러닝』(에이콘, 2020),『사이버 보안을 위한 머신러닝 쿡북』(에 이콘, 2021),『양자 암호 시스템의 시작』(에이콘, 2021)이 있다.

김정선 (ido666@hanmail.net)

유안타증권(舊 동양증권) 정보보호본부에서 CISO, CPO,
신용정보관리보호를 맡고 있다. 외환선물, ING생명,
유안타증권에서 국내 주식/파생 주문/결제 프로그램
을 개발했다. 2012년부터 유안타증권 정보보호, 개인
(신용)정보보호 실무 업무 후 2022년부터 CISO 직책을
수행하고 있다. 2013년 증권업 최초 이상금융거래탐지
시스템FDS을 개발해 약 20억 원의 고객자산을 보이스피싱과 해킹으로부터 보
호했다. 제7회 금융정보보호공모전 장려상과 2016년 유안타증권 공로상, 2021
년 금융정보보호협의회 의장상을 수상했으며, 2020년 금융보안원의 전자금융
보안 온라인 교육 과정을 개발했다. 현재는 준법/금융소비자보호/감사와 더불
어 4선 내부통제 체계에 인공지능을 적용할 방법을 고민하고 있다.

한택룡 (taekryong.han@gmail.com)

현대해상 디지털혁신파트의 부장이다. 고려대학교에
서 정보보호학으로 석사학위를 취득했으며 LG CNS,
ING생명, 하나생명 등을 거쳐 IT 기획 및 정보보호업
무를 수행했다. 현재는 전사 데이터 분석 교육 및 머신
러닝을 이용한 보험 업무 프로세스 효율화와 의사결정
시스템 구축에 관심을 두고 연구하고 있다.

옮긴이의 말

애플 창업자인 스티브 잡스는 코딩(컴퓨터 프로그래밍)을 필수적으로 배워야 한다고 말했다. 컴퓨터와 소프트웨어를 중심으로 사회가 변화하면서 어려서부터 생각하는 방법을 프로그래밍처럼 논리적으로 갖춰야 한다는 것으로 볼 수 있다. 또한 세계 경제포럼도 4차 산업혁명에 필요한 기술 10가지 중 첫 번째 기술로 '복잡한 문제 해결 기술'을 선정하고 이를 위해 '컴퓨팅 사고력이 필요하다'고 했다.

특히 코로나 바이러스의 대유행으로 인해 갑작스레 비대면 시대로 접어들면서 빅데이터에 기반한 인공지능 기술이 주목을 받고 있다. 산업 연구원의 「기업의 AI 도입 및 활용 확대를 위한 정책과제」 보고서에 따르면 많은 기업에서 인공지능 기술 도입 시 가장 큰 어려움으로 적합한 기술을 보유한 인력 고용을 꼽았으며, 소프트웨어 · 모델 개발 분야의 전문 인력 양성이 필요하다고 강조했다.

이에 맞춰 우리나라 정부도 인재 양성을 위해 2019년부터 초등학교 5~6학년의 코딩 교육을 의무화해 학생들은 문제 해결 방법과 간단한 알고리듬을 프로그래밍하는 방법을 배우고 있다. 미국 등 코딩 교육을 일찍 시작한 선진국에서는 재미있고 쉽게 프로그래밍을 배울 수 있도록 MIT 미디어랩에서 개발한 교육용 프로그래밍 언어인 스크래치와 같은 소프트웨어로 프로그래밍 기법을 익힐 수 있도록 교육한다. 또한 인공지능의 개념과 원리를 바탕으로 활용 방안을 교육하는 방향으로 확장하기 위해 학습 사이트를 개발해 교육에 활용하고 있다. 특히 영국 초중고에서는 IBM의 인공지능 왓슨을 기반으로 만들어진 'Machine Learning for Kids' 학습 사이트를 활용하고 있다.

이 책은 저자 데일 레인의 두 아이가 인공지능을 쉽고 재미있게 익힐 수 있도록 'Machine Learning for Kids' 학습 사이트를 개발해 직접 다양한 프로젝트를 해보며 쉽게 인공지능 개념과 원리를 익힐 수 있는 스크래치 기반 인공지능 프로그래밍 기법을 소개한다. 또한 이미지 인식부터 텍스트 분석까지 다양한 분야에 활용할 수 있는 인공지능 기술을 소개하며 이에 따른 윤리적인 문제와 부작용까지 광범위한 인공지능 관련 주제까지 설명한다. 인공지능에 입문하려는 초보자는 다양한 프로젝트를 수행하면서 스크래치 기반 인공지능 프로그래밍을 익힐 수 있을 것이다. 코딩 교육을 받는 초중고 학생들부터 인공지능 코딩에 입문하려는 성인에게 충실한 수업 보조 교재 역할을 할 수 있을 것으로 기대한다.

책을 번역하는 동안 뒷바라지를 해준 나의 소중한 반쪽 유원정에게 고맙다는 말을 전하고, 주말에도 제대로 놀아주지 못한 딸 현아와 아들 서준에게 미안하다는 말을 전하고 싶다. 또한 언제나 나에게 힘이 되어 주는 AI LAB 연구원에게도 감사를 표하고 싶다. 마지막으로 이 책이 제대로 번역 출간될 수 있도록 도와주신 권성준 사장님과 조유나 편집자님, 에이콘출판사 관계자분들께도 감사의 마음을 전한다.

장기식

4차 산업혁명으로 진화하면서 우리의 생활 모습을 비롯한 미래의 유망 직종들이 변화하고 있으며, 인공지능이 발전함으로써 인간이 책임져야 했던 상당 부분을 인공지능이 대체할 수 있게 됐다. 이에 교육부는 2015년 개정 교육과정을 통해 초등학교 5~6학년 학생들은 연간 17시간, 중학교는 34시간 이상의 코딩 교육을 의무화했다. 초등학교, 중학교 학생들은 개정된 교육과정에 대응하고 가상현실, 로봇, 인공지능, 빅데이터, 머신러닝 등의 4차 산업혁명을 대표하는 신기술을 미리 준비해야 한다.

이 책은 초등학생, 중학생이 인공지능, 머신러닝을 쉽게 이해하고 활용할 수 있도록 다양한 예제들과 전문 교육 코딩 프로그램을 통해 스스로 코딩할 수 있도록 구성됐다. 인공지능, 머신러닝, 코딩에 관심이 많은 학생에게 좋은 교재가 되길 바란다.

김정선

최근 몇 년간 다양한 분야에서 머신러닝을 활용한 사용자 지원 및 업무 프로세스 자동화에 관한 사례들이 나오고 있지만, 여전히 현장에서는 머신러닝에 대한 기본적인 개념조차 버거워하는 실무자들이 많다. 특히 데이터 분석에 활용되는 R, Python 등의 Tool 사용법을 배우다가 정작 머신러닝의 근본적인 개념은 놓치고 넘어가는 경우가 많은데 그런 면에서 이 책은 간단하고 쉽게 활용할 수 있는 전문 교육 코딩 프로그램을 통해 그런 제약을 쉽게 극복하고 머신러닝과 데이터 그 자체에 집중할 수 있도록 다양한 구현 예제들 위주로 구성돼 아이들뿐만 아니라 머신러닝의 개념과 활용을 주제로 공부하려는 성인에게도 아주 적합한 입문 교재의 역할을 할 수 있을 것으로 기대한다.

한택룡

차례

들어가며   23

1장   인공지능이란?   33

들어가며

인공지능^{AI, Artificial Intelligence}과 머신러닝^{ML, Machine Learning} 시스템은 우리 모두에게 영향을 미친다. 많은 사람이 매일 인공지능 시스템을 사용한다. 인공지능은 우리가 읽고 듣는 뉴스와 기업 및 정부가 내리는 결정, 사거나 보거나 들으려 하는 것들에 영향을 미친다. 심지어 인공지능은 우리가 구하려는 직업과 사는 곳까지 영향을 미칠 수 있다.

AI 기술을 배우는 가장 좋은 방법은 인공지능을 사용하는 제품을 만들어보는 것이다. 이 책을 통해 여러분은 이를 실습하고 AI 프로젝트를 수행하면서 인공지능 기술이 어떻게 동작하는지 그리고 어떤 능력을 갖는지 배울 것이다. 또한 일이 어떻게 잘못될 수 있는지 스스로 알 수 있기에 인공지능을 사용하는 데 수반되는 위험을 알 수 있는 좋은 기회이기도 하다.

현재 AI를 사용하는 방식을 따라 자신만의 AI 프로젝트를 수행해보면 AI 시스템이 우리 모두에게 어떤 영향을 미칠지 알 수 있을 것이다. 일상적인 AI 애플리케이션을 만드는 방법을 배우면 여러분 주위의 AI 시스템과 애플리케이션을 이해할 수 있을 것이다. 즉, 우리 주변의 세상에서 어떻게 작동하는지 더 잘 알 수 있다.

AI 시스템은 뉴스에 자주 나오지만 관련 기술에 관한 기본적인 지식이 없다면 무슨 말인지 이해하기 어렵다. 이 책은 여러분이 AI 시스템을 사용하고 제어하고, 규제할 수 있는 방법을 설명한다.

마지막으로 책에서 다루는 프로젝트는 재미있을 것이다! 머신러닝은 우리가 할 수 없는 것을 만들 수 있게 해주는 매혹적인 기술 분야다. 이전에는 몰랐던 것을 만들고, 그 과정에서 새로운 기술과 도구 사용법을 배우며 즐기길 바란다.

⟳ 스크래치

이 책의 각 장은 교육 코딩 플랫폼인 스크래치Scratch에서 실제 프로젝트를 수행하면서 ML 애플리케이션과 사용에 관한 새로운 아이디어를 제공한다. 학교나 코딩 클럽에서 스크래치 사용법을 배웠다면 스크래치에 이미 익숙할 수도 있다.

이 책에 나오는 모든 스크래치 프로젝트를 단계별로 자세히 설명했으니 스크래치를 능숙하게 사용하지 못하더라도 걱정할 필요는 없다. 그러나 스크래치를 한 번도 사용해본 적이 없다면 스크래치 웹사이트(https://scratch.mit.edu)에서 사용해보길 바란다.

시작하기 전에 몇 가지 요점을 살펴보고 이 책에서 사용되는 스크래치 용어를 알아보자.

스크래치 인터페이스에서 작업하기

스크래치 인터페이스의 주요 부분은 그림 1과 같다.

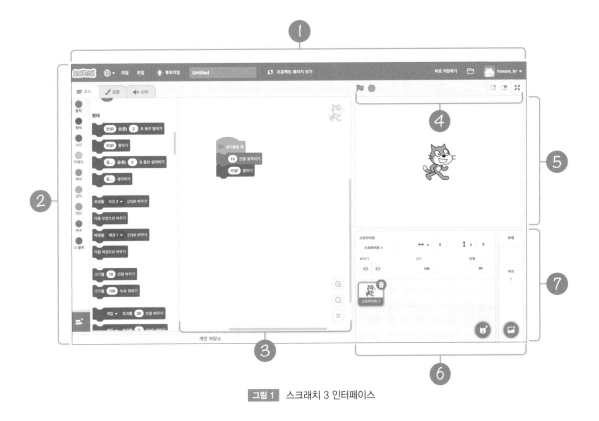

그림 1 스크래치 3 인터페이스

❶ **메뉴**^{Menu}에서는 프로젝트를 저장하거나 파일에서 프로젝트를 불러올 수 있다. 또한 작업 시간을 줄일 수 있도록 프로젝트 템플릿 라이브러리에서 여러 시작 프로젝트를 선택할 수 있다.

❷ **도구 모음**^{Toolbox}에서는 프로그램에서 사용할 수 있는 블록을 선택할 수 있다.

❸ **코드 영역**^{Code Area}은 **코드** 탭이 활성화됐을 때 프로그램을 작성하는 곳이다. 도구 모음의 블록을 코드 영역으로 드래그하면 프로젝트를 만들 수 있다. **배경**^{Backdrop}이나 **모양**^{Costume} 탭이 활성화되면 이 영역에 그리기와 색채우기 도구가 나타나기에 이곳을 캔버스라고 한다.

❹ **제어판**^{control}에서는 프로그램을 실행할 수 있다. 초록색 깃발(시작하기)을 클릭하면 코드가 실행되고, 빨간색 동그라미(멈추기)를 클릭하면 실행 중인 프로그램을 멈출 수 있다. 4개의 화살표가 있는 맨 오른쪽 버튼을 클릭하면 프로그램을 전체 화면에서 실행할 수 있다.

❺ **무대**^{Stage}는 프로그램을 시각적으로 보여주는 곳이다. 프로그램의 다른 요소들을 이곳으로 옮겨야 한다.

❻ **스프라이트**^{Sprite}는 프로젝트에서 행동^{action}을 수행하는 개체^{object}다. 각각의 스프라이트는 (모양^{look}이라는) 자신만의 모습을 가지며 코드 영역에 자체 코드를 갖고 있다.

❼ **배경**^{Backdrop}은 프로그램의 배경을 지정하는 곳이다. 여러분만의 배경을 만들거나 미리 만들어둔 옵션 라이브러리에서 배경을 선택할 수 있다.

스크래치에서 코드 작성하기

도구 모음의 블록을 코드 영역으로 드래그하면 (스크래치에서 스크립트^{script}라고 하는) 프로그램을 작성할 수 있다. 블록을 다른 블록 가까이에 이동하면 블록들이 서로 달라붙는다.

색 맞추기

스크래치 블록은 범주에 따른 색을 가진다. 예를 들어 동작^{Motion} 블록은 스프라이트를 이동하는 데 사용하는 블록으로 파란색이다. 도구 모음에서 파란색 동그라미 동작 버튼을 클릭하면 동작 블록을 사용할 수 있다.

이 책의 프로젝트 코드를 복사할 때 코드 블록의 색으로 필요한 블록을 쉽게 찾을 수 있다. 프로젝트에서 노란 블록이 필요할 때 도구 모음의 노란색 이벤트 버튼을 클릭한 다음 필요한 블록을 선택한다.

내 블록 만들기

분홍 블록이 내 블록^{custom block}이다. 이 블록을 사용하면 긴 코드 스크립트를 읽기 편하도록 작은 부분으로 나눌 수 있다.

내 블록을 만들기 위해서는 그림 2에 표시한 것처럼 도구 모음의 내 블록에서 **블록 만들기**^{Make a Block}를 클릭한다.

블록 이름을 입력한 다음, **확인**^{OK}을 클릭하면 다른 스크래치 블록과 같은 방식으로 새롭게 분홍색으로 내 블록을 만들 수 있다.

그림 2 여러분만의 사용자 정의 블록을 만들기 위해 **블록 만들기**를 클릭한다.

그림 3과 같이 큰 분홍 정의하기^{define} 블록 아래에 수행하려는 사용자 정의 블록 스크립트를 작성한다.

그림 3 도구 모음에서 내 블록을 사용할 수 있으며, 다른 스크래치 블록처럼 사용할 수 있다.

복사하기

비슷한 부분이 있는 긴 코드 스크립트를 만들 때, 비슷한 부분을 복사하면 코딩 시간을 절약할 수 있다.

복사하려는 코드 부분을 오른쪽 클릭한 다음 복사하기^{duplicate}를 선택한다. 이 기능은 이 책의 여러 프로젝트에서 매우 유용하게 사용된다.

코딩 작업 저장하기

스크래치에서는 작업한 내용을 자동으로 저장하지 않으므로 스크립트를 작성하면서 작업 내용을 주기적으로 저장하는 것이 중요하다.

프로젝트를 저장하기 위해서는 그림 4와 같이 메뉴 바에서 **파일**^{File} **〉 컴퓨터에 저장하기**^{Save to your computer}를 클릭한다. 이 파일은 여러분이 만든 프로젝트의 복사본이므로 안전하게 보관해야 한다.

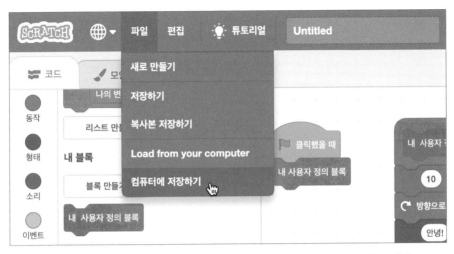

그림 4 스크래치의 파일 메뉴에서 나중에 다시 작업할 수 있도록 프로젝트를 저장할 수 있다.

이 프로젝트를 다시 불러오려면 **파일**^{File} ❭ Load from your computer를 클릭한 다음, 저장한 파일을 선택한다.

⟲ 어린이를 위한 머신러닝

이 책에서 다루는 프로젝트는 스크래치를 확장해 여러분이 사용할 머신러닝 기능이 추가된 무료 온라인 도구인 어린이를 위한 머신러닝^{Machine Learning for Kids}**1** 을 사용한다. 이 도구를 사용해본 적이 없더라도 걱정할 필요는 없다. 2장에서 스크래치에 대해 자세히 알아본다.

---

1 Machine Learning for Kids 웹사이트의 한국어 번역에서 Machine Learning을 '머신러닝'으로 번역하고 있으나 국립국어원에서는 '기계 학습'으로 표기하고 있다. 그럼에도 일반적으로는 '머신러닝'으로 통용되고 있어 '머신러닝'으로 옮겨 적는다. – 옮긴이

⟳ 목차

이 책은 다음과 같이 구성돼 있다.

1장, 인공지능이란?

인공지능과 머신러닝을 자세히 알아보고, 실습할 프로젝트에 전통적인 프로그래밍이 아닌 머신러닝을 사용하는 이유를 알아본다.

2장, 어린이를 위한 머신러닝 소개

여러분만의 머신러닝 프로젝트를 만들기 위해 이 책의 나머지 부분에서 사용할 도구를 설명한다. 이 책의 나머지 부분에서는 머신러닝 시스템이 인식하도록 학습하는 데 필요한 여러 내용을 다룬다.

3장, 동물 사진 분류하기

이미지 인식을 다룬다. 컴퓨터가 사진의 객체를 인식하도록 컴퓨터를 훈련해 동물 사진을 자동으로 분류하도록 만든다.

4장, 컴퓨터와 가위바위보하기

이 프로젝트에서는 웹캠을 사용해 머신러닝 시스템이 다양한 손 모양을 인식하도록 훈련해 컴퓨터와 가위바위보 게임을 한다!

5장, 영화 포스터 인식하기

컴퓨터가 사진에서 객체뿐만 아니라 예술적 표현을 인식하도록 훈련하는 방법을 다룬다. 표지로 책을 판단할 수 있도록 컴퓨터를 훈련시킨다. 과연 컴퓨터는 창의력을 배울 수 있을까?

6장, 메일 분류하기

컴퓨터가 글씨를 인식하도록 훈련하는 방법을 다룬다. 그리고 편지 봉투를 분류하기 위해 손글씨를 인식하는 간단한 시스템을 만든다.

7장, 컴퓨터 칭찬하기

컴퓨터가 글의 어조를 인식하도록 훈련하는 방법을 알아본다. 컴퓨터가 칭찬과 흉을 인식하고, 이에 반응하도록 컴퓨터 게임 캐릭터를 훈련한다.

8장, 신문 기사 인식하기

신문 기사가 어떤 신문사의 기사인지 컴퓨터가 식별할 수 있도록 여러 글쓰기 스타일 인식 방법을 훈련하는 방법을 다룬다. 또한 머신러닝 시스템이 얼마나 좋은지 측정하는 방법도 알아본다.

9장, 그림에서 대상 찾기

앞에서 수행했던 프로젝트를 기반으로 컴퓨터가 그림에서 작은 물체를 찾도록 훈련하는 방법을 다룬다. 이 기술을 인공위성 사진을 가공하거나 자율주행 자동차를 훈련하는 것과 같이 실제 생활에 적용하는 방법을 설명한다.

10장, 스마트 비서

컴퓨터가 텍스트의 의미를 인식하도록 훈련하는 방법과 이 기술을 스마트 비서 프로그래밍에 사용하는 방법을 배운다. 여러 기기를 켜거나 끄는 명령을 이해할 수 있는 간단한 비서도 만들어본다.

11장, 챗봇

챗봇이 무엇인지 알아보고 텍스트의 의미를 인식하는 컴퓨터를 사용해 질의응답 시스템을 구축하는 방법을 배운다.

12장, 괴물 피하기

인공지능 기술 개발에 컴퓨터 게임을 사용하는 방법을 설명한다. 머신러닝 시스템을 훈련해 간단한 버전의 팩맨 게임을 해본다.

13장, 틱택토 게임

컴퓨터 게임과 인공지능의 또 다른 예로 컴퓨터가 틱택토$^{Tic\ Tac\ Toe}$ 게임을 하도록 훈련한다.

14장, 컴퓨터를 혼란하게 만들기

인공지능 시스템이 실수하도록 혼란에 빠뜨려 머신러닝 프로젝트가 어떻게 잘못될 수 있는지 직접 확인해본다. 이 과정에서 발생하는 문제와, 문제를 방지하기 위해 취할 수 있는 조치를 알아본다.

15장, 컴퓨터를 편향에 빠뜨리기

사람들이 머신러닝 프로젝트의 결과에 고의로 영향을 미치는 방법과 이런 문제로 인해 발생하는 인공지능 윤리를 알아본다.

마치며

인공지능의 미래를 전망하며 이 책을 마친다.

↻ 파일 다운로드와 정오표

진행에 필요한 파일은 에이콘출판사 깃허브 저장소(https://github.com/Acorn Publishing/ml-kids)에서 내려받을 수 있으며, 한국어판의 정오표는 에이콘출판사의 도서정보 페이지 http://www.acornpub.co.kr/book/ml-kids에서 확인할 수 있다.

1

인공지능이란?

 책에서는 실제로 머신러닝을 사용하는 프로젝트를 만들면서 인공지능의 다양한 양상을 알아본다. 시작하기 전에 우리가 프로젝트에 사용할 도구와 기술에 관한 배경지식을 알아두면 좋을 것이다.

앞서 스크래치 프로그래밍 언어에서 스크래치 인터페이스의 각 부분이 수행하는 작업에 대해 알아봤다. 1장에서는 이 책에서 사용하는 몇 가지 기본적인 프로그래밍 용어와 개념을 설명한다.

⟳ 코딩

코딩^{coding}은 우리가 원하는 것을 컴퓨터에게 알려주는 방식이다. 컴퓨터를 제어하기 위해 주로 코드^{code}를 사용하지만 휴대폰이나 세탁기와 같은 가전제품, 그리고 자동차와 비행기 같이 거대한 기기를 제어할 때도 사용한다.

코드를 작성하기 위해서는 먼저 컴퓨터가 할 일을 파악한 다음 여러 단계로 나눠야 한다. 각각의 단계는 컴퓨터가 따라 할 수 있도록 자세하고 구체적이어야 한다.

스크래치와 같은 몇몇 프로그래밍 언어는 이 단계를 표현하기 위해 색깔 블록으로 코딩할 수 있다. 그림 1-1과 같이 블록을 연결해 컴퓨터가 수행할 작업의 순서를 지정한다.

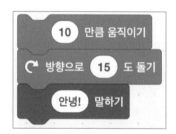

그림 1-1 스크래치는 서로 이어붙일 수 있는 색깔 블록을 사용해 코딩한다.

소프트웨어 개발자들은 수십 년 동안 컴퓨터가 수행할 일련의 단계를 작업^{task}이라 표현했다. 지금은 이런 단계를 옛날보다 더 쉽게 표현할 수 있는 프로그래밍 언어가 있지만, 기본적인 생각은 여전히 같다.

코딩이 유용하지만 최신 기계들은 너무 복잡해서 코딩이 더 이상 유용하지 않을 때도 있다. 예를 들어, 새 자동차에는 다양한 작업을 수행할 수 있도록 1억 줄 이상의 코드가 사용된다. 즉, 1억 개 이상의 단계를 작성해야 한다.

컴퓨터가 수행해야 하는 일부 작업은 너무 복잡해 단계별로 코드를 작성하는 데 너무 많은 시간이 걸릴 수 있으며, 때로는 각각의 단계를 지시하는 방법조차 모를 때도 있다. 이런 종류의 작업에 머신러닝을 사용한다.

⊃ 머신러닝

코드를 작성하는 데 너무 많은 시간이 필요하거나 설명하기에는 복잡한 단계로 이루어진 작업을 수행하는 데는 머신러닝이 유용하다. 컴퓨터에 정확한 작업 단계를 설명하는 대신, 머신러닝을 사용해 컴퓨터가 작업을 수행하는 방법을 배울 때까지 작업의 예를 반복해서 컴퓨터에 보여줄 수 있다.

누군가에게 공을 차게 하는 것을 생각해보자. 그 사람에게 다리를 얼마나 높이 들어 올리고, 다리를 얼마나 빨리 움직이는지 팔을 어떻게 움직이는지 등 정확하게 단계별로 지시를 할 수 있다. 이런 방식으로 코딩을 통해 단계별로 지시를 내릴 수 있다.

다른 방법으로는 그 사람에게 공을 차는 다양한 방법을 보여주고, 공을 차는 방법을 배우게 할 수 있다. 수행할 작업의 예를 모아서 보여주는 것을 훈련training이라 하며 머신러닝이 이러한 방식을 따른다.

이 책에서는 머신러닝 시스템의 훈련 방법과 작동 방법, 사용 방법에 관한 많은 예를 다룬다.

⊃ 인공지능

사람들은 머신러닝^{ML, Machine Learning}과 인공지능^{AI, Artifical Intelligence}을 혼동하기도 한다. 가장 흥미로운 인공지능 시스템 중 일부는 머신러닝을 사용해 만들어졌지만, 인공지능 시스템을 구축하는 데 머신러닝 사용이 유일한 방법은 아니다. 머신러닝과 인공지능과의 관계는 그림 1-2와 같이 나타낼 수 있다.

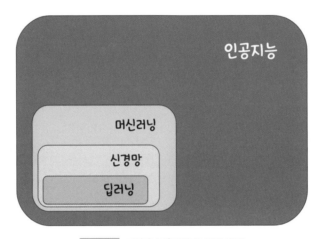

그림 1-2 머신러닝과 인공지능과의 관계

인공지능^{AI, Artifical Intelligence}은 일반적으로 사람의 지능이 있어야 하는 일을 기계가 대신하는 프로젝트를 설명하는 데 사용되는 용어다. 기계에 일을 하는 방법을 설명하지 않고도 기계가 그 일을 하도록 여러 방법을 사용할 수 있다. 머신러닝은 인공지능 프로젝트를 만들 수 있는 한 가지 방법일 뿐이다. 곧 설명할 신경망^{neural network}도 머신러닝의 한 종류다. 둘의 차이를 더 잘 이해할 수 있도록 한 가지 예를 살펴보자.

1997년 딥 블루^{Deep Blue}라는 컴퓨터는 체스 게임 세계 챔피언 게리 카스파로프^{Garry kasparov}를 이겼다. 딥 블루는 인공지능 프로젝트였으며, 많은 사람이 딥 블루를 인공지능 개발의 중요한 사건이라 여겼다.

하지만 딥 블루는 머신러닝 시스템이 아니었다. 딥 블루는 체스를 두는 방법이나 이기는 방법을 배우지 못했다. 사람들은 게임의 규칙, 즉 이기기 위한 전략을 코드로 작성했다. 컴퓨터는 이렇게 만들어진 지시를 단계별로 따르기만 한 것이다.

이 정도면 이기기에는 충분했다. 딥 블루는 카스파로프보다 똑똑하지는 않았지만 더 많은 지시를 수행할 수 있었고 카스파로프보다 많은 체스 말의 이동을 더 빨리 테스트할 수 있었다.

2011년 왓슨^{Watson}이라는 컴퓨터가 미국 TV 퀴즈쇼인 지오파디$^{Jeopardy!}$에서 우승자인 켄 제닝스$^{Ken Jennings}$와 브레드 루터$^{Brad Rutter}$를 이겼다. 왓슨 또한 인공지능 프로젝트로 미래의 컴퓨터 시스템이 사람이 사용하는 언어를 배우고 이해할 수 있다는 가능성을 보여주었다.

딥 블루와 달리 왓슨은 머신러닝 시스템이었다. 왓슨은 1960년대부터 시작된 모든 지오파디의 질문들로 훈련했을 뿐만 아니라 사람들과 많은 연습 경기를 치르면서 게임 방법을 배웠다.

사람들이 작성한 단계별 지시를 따르는 간단한 인공지능 시스템은 오늘날에도 유용하기에 여전히 딥 블루와 같은 인공지능 시스템이 만들어지고 있다. 그러나 더 복잡하고 정교한 작업을 수행하는 인공지능 시스템을 구축하는 데 머신러닝을 사용할 수 있다.

⊃ 신경망과 딥러닝

그림 1-2에 표시된 신경망과 딥러닝은 머신러닝의 두 가지 유형이다. 이 책에서는 신경망과 딥러닝을 자세히 설명하지 않지만, 인공지능 관련 기사에서 자주 언급되므로 인공지능과의 연관성을 설명한다.

신경망$^{NN, Neural Network}$은 매우 강력해 인기 있는 머신러닝 구축 기술이다. 신경망은 아주 복잡한 몇몇 문제에 효과적임이 증명됐다. 신경망 구조는 동물의 뇌 구조를 따라 만들어졌는데, 서로 연결된 층^{layer}에 배열된 신경세포^{neuron}라고 하는 머신러닝 시스템의 다른 부분들로 구성돼 있다.

딥러닝은 많은 층으로 구성된 신경망을 사용하는 방법으로 오늘날 인공지능 시스템을 구축하는 데 사용되는 가장 효과적인 기술 중 하나다.

이 책은 이런 구체적인 머신러닝 접근법을 설명하기보다는 일반적인 머신러닝에 초점을 맞춘다. 즉, 머신러닝 시스템의 일반적인 동작 방식과 훈련 방식, 발생할 수 있는 문제, 실제 사용 방식을 설명한다. 이 책을 읽고 나면 신경망과 같은 머신러닝의 구체적인 응용 방법을 배울 수 있으며, 딥러닝에 관심이 있다면 더 자세히 탐구하는 데 필요한 기반 지식을 갖추게 될 것이다.

⟳ I장에서 배운 내용

머신러닝은 수행하려는 작업의 예를 모아서 컴퓨터가 작업할 수 있도록 훈련하는 방법을 의미한다. 머신러닝은 단계별 지시를 작성하는 방식보다 더 복잡한 작업을 컴퓨터에게 훈련시킬 수 있는 방법이기에 인공지능 프로젝트를 구축하는 일반적인 방법으로 사용된다.

2

어린이를 위한 머신러닝 소개

이 책에서는 어린이를 위한 머신러닝이라는 무료 교육 도구를 사용해 머신러닝 프로젝트를 만든다. 2장에서는 도구의 동작 방식과 각 프로젝트를 위한 도구 사용법, 여러분을 위해 부모님이나 선생님이 도구를 설치하는 방법을 설명한다.

어린이를 위한 머신러닝은 https://machinelearningforkids.co.uk/에서 사용할 수 있다. 웹사이트 주소를 입력하기에는 다소 길기 때문에 처음 방문했을 때 즐겨찾기에 등록해두면 편하다.

홈페이지는 그림 2-1과 같다. 모든 웹사이트와 마찬가지로 홈페이지 디자인은 시간이 지남에 따라 약간씩 바뀔 수 있어서 그림 2-1의 디자인과는 조금 다르게 보일 수 있다.

그림 2-1 어린이를 위한 머신러닝 홈페이지

○ 로그인하기

이 책의 모든 프로젝트에서 첫 번째 단계는 어린이를 위한 머신러닝 사이트에 로그인하는 것이다.

그림 2-1에서 **시작해봅시다**Get started를 클릭하면 그림 2-2와 같은 로그인 화면이 나타난다. 메뉴에서 **로그인**Log In을 클릭한다.

그림 2-2 어린이를 위한 머신러닝 로그인 페이지

여기서 두 가지 선택사항이 있다.

로그인^{Log in} 부모님이나 선생님이 미리 여러분의 무료 계정을 만들어두셨다면 **로그인**을 클릭한 다음 사용자 이름^{username}과 비밀번호 ^{password}를 입력하면 된다. 로그인하면 프로젝트를 저장하거나, 나중에 다시 프로젝트를 불러올 수 있다.

지금 실행해보기^{Try it now} 아직 계정이 없다면 **지금 실행해보기**를 클릭한다. 프로젝트를 진행할 수 있지만 4시간 동안만 프로젝트가 유효하다. 이 책에 나오는 모든 프로젝트를 만들 수 있는 충분한 시간이지만 나중에 다시 프로젝트를 불러올 수는 없다.

부모님이나 선생님이 여러분들의 무료 계정을 만들 수 있는 계정 만들기^{Sign up} 방법은 47쪽 '계정 만들기' 절에서 설명한다.

↻ 새로운 머신러닝 프로젝트 만들기

로그인하면 그림 2-3과 같이 프로젝트 목록이 나열된 화면이 표시된다. 맨 위 메뉴에서 프로젝트를 클릭하면 언제든지 이 화면으로 되돌아올 수 있다.

그림 2-3 빈 프로젝트 목록

다음 단계를 따라 새로운 프로젝트를 만든다.

1. **프로젝트 추가**^{Add a new project}를 클릭한다(그림 2–3 참조).

2. 그림 2–4의 프로젝트 이름* 텍스트 상자에 프로젝트 이름을 입력한다.

    각각의 장에서 정한 것과 동일한 프로젝트 이름을 추천하지만, 원한다면 다른 이름[1]을 입력할 수도 있다.

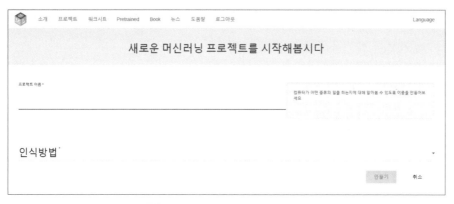

그림 2-4 새로운 머신러닝 프로젝트 만들기

3. 그림 2–4에서 **인식방법***^{Recognising}을 클릭한다. 그림 2–5와 같이 여러 유형의 머신러닝 프로젝트 목록을 볼 수 있다. 컴퓨터가 인식하게 하려는 범주^{category}(예를 들어 텍스트나 이미지)를 선택할 수 있다. 책에서 다루는 각 프로젝트는 여기서 어떤 옵션을 선택해야 하는지 알려준다.

---

1 한국어로 된 프로젝트 이름은 인식하지 못하므로 프로젝트 이름을 영어로 입력해야 한다. – 옮긴이

그림 2-5 머신러닝 프로젝트 유형 선택하기

4. **만들기**^{Create}를 클릭한다.

5. 그림 2-6과 같이 프로젝트 목록으로 되돌아간다. 방금 만든 프로젝트의 이름을 클릭하면 프로젝트를 시작할 수 있다.

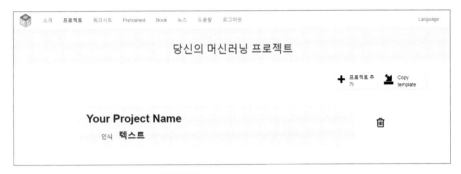

그림 2-6 업데이트된 프로젝트 목록

⟳ 머신러닝 프로젝트의 단계

각 프로젝트는 그림 2-7과 같이 훈련^{Train}과 학습 & 평가^{Learn & Test}, 만들기^{Make}의 세 단계로 구성돼 있다.

각 단계의 파란색 버튼을 클릭하면 각 단계로 이동할 수 있다. 프로젝트 지침에 따라 각 단계로 이동한다.

그림 2-7 머신러닝 프로젝트의 단계

훈련

훈련 단계에서는 컴퓨터에게 인식하는 방법을 가르치고자 하는 예를 수집한다.

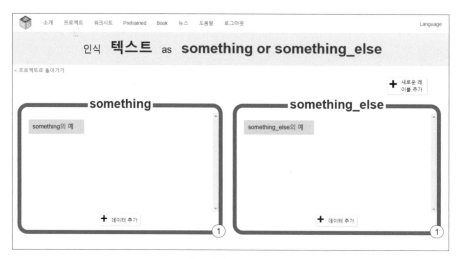

그림 2-8 훈련 단계

컴퓨터가 인식하도록 훈련하는 각 하위 카테고리의 버킷을 만들 수 있다. 그림 2-8과 같이 각 버킷은 회색 테두리의 상자 형태로 돼 있다.

다음으로 이 버킷에 학습을 위한 예를 채워야 한다. 텍스트 프로젝트의 경우, 각 하위 범주에 속하는 손글씨의 예를 모으는 것을 의미한다. 그림 2-8에서 각 버킷에는 어떤 것^{something}과 그 이외의 것^{something_else}에 해당하는 하위 범주의 텍스트 예가 들어간다(실제 프로젝트에서는 하위 텍스트 범주에 칭찬과 흥을 추가할 수 있다). 이미지 프로젝트에서는 하위 범주를 설명하는 그림의 예를 채울 수 있다. 음향 프로젝트에서는 하위 범주에 맞는 음향의 예를 수집할 수 있다.

각 버킷의 오른쪽 아래 숫자는 수집한 예의 개수를 보여준다.

실수로 버킷에 추가한 예를 삭제하려면 마우스 포인터를 해당 예에 올려놓고 빨간색 ⊗를 클릭한다.

모든 훈련용 예를 포함한 전체 버킷을 삭제하려면 마우스 포인터를 버킷 테두리의 오른쪽 위로 이동한 다음 빨간색 ⊗를 클릭한다. 한 번 삭제하면 되돌릴 수 없으니 전체를 삭제할 때는 주의해야 한다!

학습 & 평가

훈련 데이터를 충분히 모았다면 머신러닝 모델^{model}을 학습시킬 준비를 마쳤다. 모델에 대해서는 3장에서 자세히 설명한다.

학습을 시작하려면 그림 2-7에서 **학습 & 평가**^{Learn & Test}를 클릭한 다음 그림 2-9에서 **새로운 머신러닝 모델을 훈련시켜보세요**^{Train new machine learning model}를 클릭한다.

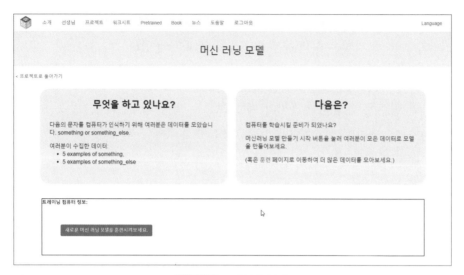

그림 2-9 모델 훈련시키기

훈련 과정이 얼마나 걸릴지는 프로젝트의 유형과 수집한 학습 예의 개수에 따라 다르다. 컴퓨터는 텍스트나 숫자보다 이미지를 이해하기 어려워하기 때문에 텍스트 프로젝트보다 이미지 프로젝트의 훈련 시간이 더 오래 걸린다. 당연히 학습 예가 많을수록 훈련 시간이 더 길어진다. 때로는 머신러닝 컴퓨터 서버가 바빠서 시간이 오래 걸릴 수도 있다.

훈련 과정은 수 초에서 수 분이 걸릴 수 있다. 인내심을 갖고 기다려야 한다. 페이지 맨 아래에는 훈련을 진행하는 동안 시도할 만한 문제가 있다.

모아둔 예의 개수가 많지 않다면 **새로운 머신러닝 모델을 훈련시켜보세요**Train new machine learning model 버튼이 나타나지 않는다. 이 경우 훈련 단계로 되돌아가 학습 예를 더 추가해야 한다.

만들기

머신러닝 모델의 학습이 끝나면 이제 모델로 무언가를 만들 수 있다.

다양한 유형의 프로젝트를 만들 수 있지만 이 책의 모든 프로젝트는 스크래치 3을 사용한다. 그림 2-10에서 스크래치 3을 클릭한다.

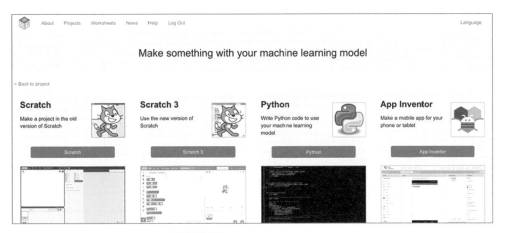

그림 2-10 머신러닝 프로젝트 만들기

이제 책에 있는 프로젝트를 시작할 준비를 마쳤다! 하지만 지금 실행해보기 전에 프로젝트를 저장하기 위해 로그인 옵션을 사용하려면 여러분이 부모님이나 선생님에게 계정을 만들어 달라고 요청해야 한다. 이제 계정을 만들어보자.

⟳ 계정 만들기

계정은 무료로 만들 수 있으며 한 번만 등록하면 된다. 계정은 10단계를 걸쳐 만들 수 있으며 가입에는 10분 정도 걸릴 수 있다. 이 절에서는 학부모 선생님, 또는 코딩 클럽의 리더가 따라야 할 지침을 설명한다.

> **NOTE** 계정을 만드는 어른들은 이메일 주소를 제공해야 한다. 수집한 이메일을 어떻게 사용하는지는 https://machinelearningforkids.co.uk/help/에서 알 수 있다.

1. 그림 2-2에서 **계정 만들기**[Sign up]를 선택한다.

2. 학부모나 선생님 또는 코딩 클럽의 리더인지를 확인하는 선생님이나 코딩 클럽의 리더 버튼을 클릭한다.

3. 등록되지 않은 교실 계정 만들기[Create an unmanaged class account]에 있는 **계정 만들기**[Sign up]를 클릭한다. 이 계정은 여러분이 계정을 관리하고 스스로 설정해야 함을 의미한다.

4. 그림 2-11의 양식에 맞춰 내용을 입력한다. 사용자 이름[Username]과 연락받을 이메일 주소[Email address]를 입력한다. 또한 선택적으로 사이트를 어떻게 이용할 것인지도 적을 수 있다.

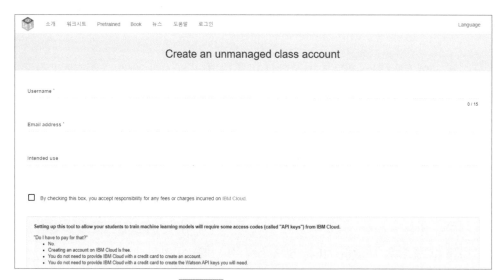

그림 2-11 부모/선생님 계정 만들기

5. 이메일 주소를 확인하는 이메일을 받게 된다. 계속 진행하려면 가입 확인 이메일의 **내 계정 확인하기**[Confirm my account] 링크를 클릭한다.

6. 학부모/선생님 계정으로 로그인하면 그림 2-12와 같은 관리 페이지에 들어갈 수 있다. 맨 위의 메뉴에서 **선생님**Teacher을 클릭한 다음 관리자 페이지로 들어간다.

그림 2-12 학부모/선생님 화면

7. **제한 사항**Restrictions을 클릭하면 기본 제한 사항을 확인할 수 있다. 몇몇 제한 사항은 원하는 대로 바꿀 수 있다.

8. **API 키**API Keys를 클릭하면 프로젝트에 필요한 머신러닝 기술을 제공하는 IBM 클라우드의 코드를 입력할 수 있다. 왓슨 어시스턴트Watson Assistant를 사용하기 위해서는 API 키가 필요하다.

   API 키를 만들기 위해서는 IBM 클라우드의 무료 계정을 만들어야 한다. 왓슨 어시스턴트의 키 코드는 무료로 발급받을 수 있다.

   소프트웨어 개발자를 대상으로 하는 웹사이트에 익숙하지 않다면 IBM 클라우드 사이트를 사용하는 데 다소 어려울 수 있다. 키 코드 발급을 위한 단계별 지침은 https://machinelearningforkids.co.uk/apikeys-guide/에서 확인할 수 있다.

Lite API 키가 무료이므로 Lite API 키를 만들어야 한다. 사용할 수 있는 양에 제한이 있지만 이 책의 모든 프로젝트를 만들기에는 충분하다.

9. **학생**^{Students}을 클릭한 다음, 이 책의 프로젝트를 수행할 학생의 사용자 이름을 만든다.

학생의 실명을 사용하거나 연락처를 제공하지 않아도 된다. 학생의 사용자 계정은 선생님의 계정보다 간단하다. 학생들은 IBM의 API 키나 다른 기술적인 세부 사항에 대해 걱정할 필요가 없다.

암호를 잊어버렸을 때는 학생 페이지에서 암호를 재설정할 수 있다.

10. **관리**^{Supervisions}를 클릭하면 학생들이 만든 프로젝트의 목록을 볼 수 있다.

많은 학생이 동시에 이 책을 읽고 있지 않은 한, 등록한 API 키에 제한이 걸릴 가능성은 거의 없다. 그런 경우 여기서 API 키를 사용하는 프로젝트를 확인할 수 있다.

⟳ 2장에서 배운 내용

어린이를 위한 머신러닝은 이 책의 프로젝트에 사용할 무료 도구로, 머신러닝 프로젝트의 주요 단계를 안내해준다. 프로젝트의 지침에 따라 각 단계에서 지시를 수행하거나 다음 단계 또는 이전 단계로 이동한다.

프로젝트를 저장하기 위해서는 계정이 필요하며 부모님이나 선생님, 코딩 클럽의 리더를 통해 계정을 만들어야 한다. 계정은 무료로 만들 수 있으며, 과정이 다소 복잡하며 10분 정도 걸리지만 한 번만 하면 되며 온라인으로 자세한 설명을 제공한다.

3

동물 사진 분류하기

모두들 사진을 좋아한다. 우리는 매년 1조 개 이상의 디지털 사진을 찍고 있으며, 이 숫자에는 우리가 그리는 그림은 포함되지 않는다.

컴퓨터로 사진을 분류하고 필요한 사진을 찾는 것을 이미지 인식 ^{image recognition} 이라고 한다. 이미지 인식 시스템을 만들기 위해서는 같은 대상의 사진을 많이 수집해야 한다. 사진들을 이용해 머신러닝 모델을 훈련시킬 수 있다. 머신러닝 모델은 사진의 공통점을 식별하고, 공통점을 사용해 새로운 사진을 인식한다.

예를 들어 컴퓨터가 고양이 사진을 인식할 수 있도록 컴퓨터를 훈련시키려면 고양이 사진을 많이 모아야 한다. 머신러닝 시스템은 이런 훈련용 사진을 사용해 고양이 사진에서 자주 나타나는 모양과 패턴, 색상을 배운다. 그리고 나서 머신러닝 모델은 사진에 고양이가 있는지를 인식할 수 있다.

사람들은 매일 이미지 인식 기술을 사용한다. 온라인 사진 공유 도구는 이미지 인식 기술을 사용해 우리가 업로드한 사진을 분류한다. 웹사이트는 이미지 인식 기술을 사용해 시각장애인들이 볼 수 없는 사진에 무엇이 있는지 설명한다. 소셜미디어 웹사이트는 이미지 인식 기술을 사용해 우리가 올린 사진에서 친구와 가족의 얼굴을 인식한다. 기업은 이미지 인식 기술을 사용해 온라인에 올라온 사진에 자사의 로고나 제품이 포함된 시점을 추적한다. 또한 의사는 이미지 인식 기술을 사용해 환자의 스캔과 사진에서 의학적 상태를 인식한다. 의사는 다양한 증상과 질병의 징후를 기억해야 하므로, 이미지 인식 시스템을 사용해 사진에서 피부 종양이나 세포의 현미경 사진에서 암을 식별할 수 있다.

3장에서는 인식한 동물의 사진을 자동으로 분류하는 머신러닝 모델을 훈련시켜 여러분만의 이미지 인식 시스템을 만든다. 이제 시작해보자!

○ 프로젝트 만들기

먼저 컴퓨터가 인식해야 할 두 종류의 동물을 선택한다. 이 프로젝트에서는 그림 3-1과 같이 농장을 주제로 한 스크래치 프로젝트를 만들고자 소^{cow}와 양

을 선택했다. 사진을 많이 구할 수만 있다면 다른 동물 두 마리를 선택해
도 된다.

그림 3-1 동물 사진을 그룹으로 분류하기

모델 훈련시키기

컴퓨터가 두 동물의 다른 사진을 인식할 수 있도록 훈련하려면 해당 동물의 사
진을 많이 수집하고 수집한 사진을 사용해 머신러닝 모델을 훈련시켜야 한다.

1. 새로운 머신러닝 프로젝트를 만들고 프로젝트의 이름을 Animal sorter
    (동물 분류기)로 한 다음, 이미지 인식 방법을 학습하도록 설정한다.

NOTE 머신러닝 프로젝트를 만드는 방법을 모른다면, 2장의 41쪽 '새로운 머신러닝 프로젝트 만들기' 절을 참고한다.

2. 그림 3-2와 같이 **훈련**^{Train}을 클릭한다.

그림 3-2   훈련은 머신러닝 프로젝트의 첫 번째 단계다.

3. 그림 3-3의 화면에서 **새로운 레이블 추가**^{Add new label}를 클릭한 후 첫 번째 동물 유형의 이름을 입력한다.

그림 3-3   **새로운 레이블 추가하기**를 클릭한 다음, 새로운 훈련 데이터 버킷을 만든다.

4. 웹 브라우저에서 두 번째 창 또는 새로운 브라우저를 열고(파일 › 새 창) 그림 3-4와 같이 두 번째 창을 첫 번째 창과 나란히 배치한다. 두 번째 창에서 첫 번째 동물 유형의 사진을 검색한다. 책에서는 소 사진을 검색했다.

그림 3-4 | 두 개의 웹 브라우저를 나란히 배치한다.

5. 검색창에서 사진을 드래그해 첫 번째 동물 유형의 훈련 버킷으로 옮긴다. 그림 3-5와 같이 훈련 버킷에서 사진의 썸네일[thumbnail1]을 볼 수 있다. 썸네일을 볼 수 없다면 다시 사진을 드래그해 옮긴다.

---

1   사진을 탐색하면서 알아보기 쉽게 하고자 페이지 전체의 레이아웃을 볼 수 있도록 원래의 커다란 이미지를 작은 이미지로 줄여 화면에 띄운 축소판 사진. 많은 양의 이미지를 쉽고 빠르게 보거나 관리할 수 있도록 하기 위한 것으로, 작고 대략적인 이미지를 나타내는 데 사용되기도 하고, 설계하기 전 기획 단계에서 브로슈어의 배치 따위를 나타내는 데에도 쓰인다.(출처: 정보통신용어사전(https://bit.ly/3hb4eCw))

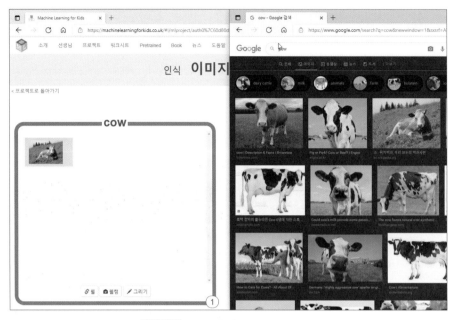

그림 3-5   소 사진을 훈련 버킷으로 옮긴다.

6. 그림 3-6과 같이 동물 사진이 최소 10장 이상이 될 때까지 5단계를 반복한다.

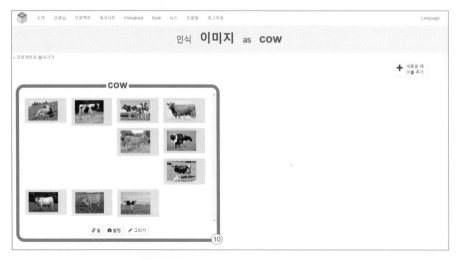

그림 3-6   소 사진 인식을 위한 훈련 데이터

7. 그림 3-7과 같이 각각의 동물 사진이 10장 이상이 되도록 3단계부터 6단계까지 반복한다.

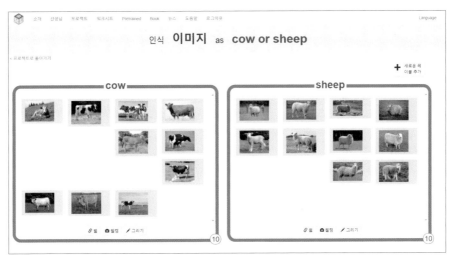

그림 3-7 농장을 주제로 한 프로젝트의 훈련 데이터

8. 화면 왼쪽 위에 있는 **프로젝트로 돌아가기**^{Back to project}를 클릭한다.

9. 그림 3-8에서 **학습 & 평가**^{Learn & Test}를 클릭한다.

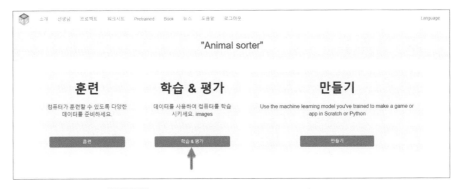

그림 3-8 학습 & 평가는 머신러닝 프로젝트의 두 번째 단계다.

10. 그림 3-9에서 **새로운 머신러닝 모델을 훈련시켜보세요**^{Train new machine learning} ^{model}를 클릭한다.

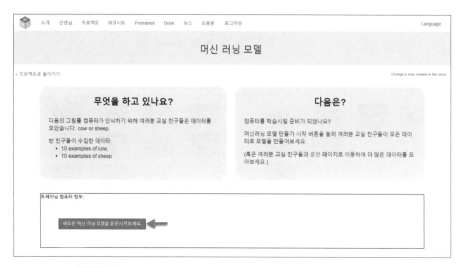

그림 3-9 **새로운 머신러닝 모델을 훈련시켜보세요**를 클릭해 훈련을 시작한다.

컴퓨터는 여러분이 수집한 예제 사진을 사용해 각 동물 사진의 공통점을 배운다. 훈련은 몇 분 정도 걸릴 수 있으며, 기다리는 동안 두 번째 웹 브라우저에서 다음 단계를 계속 진행할 수 있다.

프로젝트 준비하기

여러분의 머신러닝 모델을 평가하려면 훈련에 사용하지 않은 새로운 사진이 필요하다. 컴퓨터는 훈련용 사진으로 배운 내용을 토대로 새로운 사진에서 두 동물을 인식한다. 따라서 여러분의 모델이 얼마나 잘 작동하는지 평가하는 프로젝트를 만들어야 한다.

1. 여러분이 고른 동물의 사진을 더 검색한 다음 컴퓨터에 저장한다. 사진을 저장하려면 그림 3-10과 같이 사진 위로 마우스 포인터를 이동

해, 마우스 오른쪽 버튼을 클릭한 다음 이미지를 **다른 이름으로 저장...** Save Image As... 을 선택한다.

그림 3-10 평가용 사진을 컴퓨터에 저장한다.

NOTE 모델 훈련에 사용한 사진을 다시 선택하면 안 된다. 새로운 사진을 얼마나 잘 인식하는지 평가하는 것이지, 훈련용 사진을 얼마나 잘 기억하는지를 평가하는 것이 아니다.

2. 그림 3-11과 같이 평가를 위한 사진을 동물별로 최소 5장 이상 준비
    한다.

그림 3-11   소와 양의 평가용 사진

3. 화면에서 왼쪽 위의 **프로젝트로 돌아가기**^{Back to project}를 클릭한다.

4. 그림 3-12에서 **만들기**^{Make}를 클릭한다.

그림 3-12   만들기는 머신러닝 프로젝트의 세 번째 단계다.

5. **스크래치 3**을 클릭한 다음, **스크래치 3 열기**^{Open}를 클릭해 새 스크래치 창을 연다.

그림 3-13과 같이 도구 모음에 여러분의 머신러닝 모델을 표시하는 새로운 블록이 표시된다.

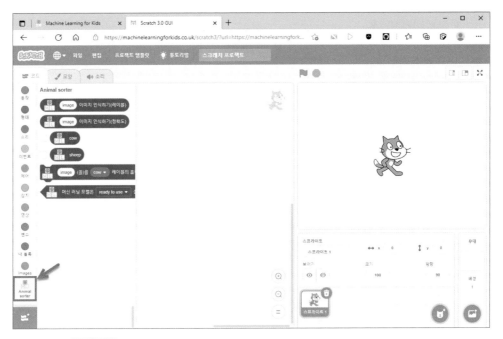

그림 3-13 머신러닝 프로젝트의 Animal sorter가 스크래치 도구 모음에 자동으로 추가된다.

6. 프로젝트의 배경을 만든다.

그림 3-14와 같이 스크래치 창의 오른쪽 아래에서 마우스 포인터를 배경 고르기^{Choose a Backdrop} 아이콘 위로 이동한다.

그림 3-14 소와 양을 두 그룹으로 분류하기 위한 농장 배경

그림 3-14와 같이 스크래치 창의 오른쪽 아래에서 마우스 포인터를 배경 고르기^{Choose a Backdrop} 아이콘 위로 이동하고, 그림 3-15와 같이 무대 배경을 만든다.

여기에는 몇 가지 옵션이 있다. 배경을 직접 그리기 싫다면 **배경 선택하기**^{Choose a Backdrop}를 클릭한 다음 기본 배경을 선택하거나 **배경 올리기**^{Upload Backdrop}를 클릭한 다음 인터넷에서 구한 사진을 사용할 수도 있다. 배경을 만들려면 **그리기**^{Paint}를 클릭한 다음 코드 캔버스^{Code canvas}의 왼쪽 페인트 편집기^{paint editor}에서 그리기^{drawing}와 색칠하기^{coloring} 도구를 사용한다.

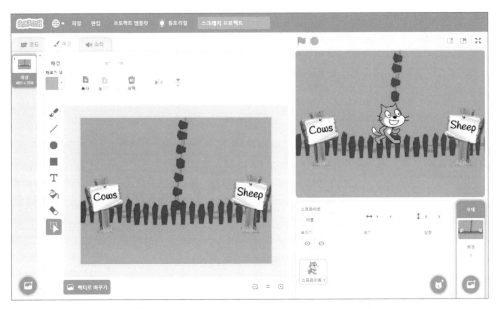

그림 3-15 소와 양을 두 그룹으로 분류하기 위한 농장 배경

어떤 옵션을 선택하든 각 동물의 유형 레이블이 명확하게 지정된 부분에 배경을 추가해야 한다.

이 프로젝트에서는 농장의 동물을 선택했으므로 소^Cows와 양^Sheep의 표지판이 있는 농장 배경을 만들었다. 여러분이 선택한 동물에 맞는 배경을 만들 수도 있다. 예를 들어 개와 고양이를 선택했다면 애완동물 가게의 배경을 만들 수 있다. 사자와 코끼리를 선택했다면 동물원을 그릴 수도 있다.

7. 고양이 스프라이트를 클릭한 다음 화면의 왼쪽 아래에서 마우스 포인터를 **모양 고르기**^Choose a Costume 아이콘 위로 이동한다. 그림 3-16과 같이 **모양 업로드하기**^Upload Costume를 클릭한다.

8. 2단계에서 저장했던 평가용 사진을 모두 선택한 다음 사진을 업로드한다.

NOTE 이 작업은 배경이 아닌 스프라이트에서 진행해야 한다.

그림 3-16 **모양 업로드하기**(Upload Costume)을 클릭한 다음, 평가용 사진을 추가한다.
왼쪽에 있는 모양(costume) 창에서 고양이 모양(costume)을 삭제할 수 있다.

9. 업로드하지 못한 평가용 사진이 있다면 **모양 업로드하기**[Upload Costume]를
다시 클릭한 다음 2단계에서 저장한 평가용 사진을 모두 업로드할 때
까지 반복한다.

스크래치의 고양이 모양[costume]은 필요 없으므로 지운다. 그림 3-16의
왼쪽에 있는 모양 창에서 모양을 클릭한 다음 오른쪽 위에 있는 **휴지
통**[trash can]을 클릭해 지운다.

그림 3-17과 같이 같은 스프라이트에 모양을 업로드해야 한다. 사진
을 새로운 스프라이트로 업로드하면 안 된다.

그림 3-17 추가 costume을 같은 스프라이트에 업로드한다.

10. **코드**Code 탭을 클릭한 다음 그림 3-18의 스크립트를 작성한다.

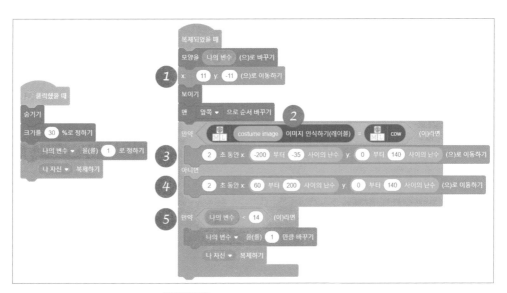

그림 3-18 동물 사진 분류를 위한 예제 코드

스크래치에서 코딩하는 방법을 모른다면 이 책의 소개의 26쪽 '스크래치에서 코드 작성하기' 절을 참고한다.

이 코드는 여러분의 머신러닝 모델을 사용해 평가용 사진의 동물을 인식하고 동물에 해당하는 영역으로 사진을 이동시킨다.

블록 ❶ 코드 `x: 11 y: -11 (으)로 이동하기` 는 각 사진의 시작 위치를 설정한다. 이 스크립트는 화면 중앙에 각 사진을 뜨게 만든다. 이 좌표를 여러분의 배경에 맞게 조절한다.

블록 ❷ `costume image 이미지 인식하기(레이블)` 는 사진을 인식하기 위해 여러분의 머신러닝 모델을 사용한다.

블록 ❸ `2 초 동안 x: -200 부터 -35 사이의 난수 y: 0 부터 140 사이의 난수 (으)로 이동하기` 는 사진을 화면 왼쪽 위 임의의 위치로 옮긴다. 첫 번째 동물 유형의 사진을 배경에서 옮기고 싶은 위치로 좌표를 조절한다.

블록 ❹ `2 초 동안 x: 60 부터 200 사이의 난수 y: 0 부터 140 사이의 난수 (으)로 이동하기` 는 사진을 화면 왼쪽 위 임의의 위치로 옮긴다. 두 번째 동물 유형의 사진을 배경에서 옮기고 싶은 위치로 좌표를 조절한다.

블록 ❺ `나의 변수 < 14` 는 여러분이 갖고 있는 평가용 사진의 장 수를 가리킨다. 이 값을 2단계에서 저장하고 8단계에서 업로드한 사진의 장 수로 설정한다. 평가용 스프라이트에서 14장의 사진을 업로드했기 때문에 이 스크립트는 14장의 평가용 사진으로 동작한다.

모델 평가하기

여러분이 만든 모델을 평가하려면 그림 3-19의 왼쪽 위에 있는 녹색 깃발을 클릭한다. 여러분의 모델이 평가용 사진을 두 종류의 동물로 분류한다.

그림 3-19 동물 사진을 인식하고 두 종류로 분류하기

모델이 얼마나 많은 사진을 제대로 옮겼는지 개수를 확인한다. 이는 여러분의 프로젝트가 두 종류의 동물 사진을 얼마나 잘 분류했는지를 간단히 측정하는 방법이다.

여러분의 모델이 분류를 제대로 하지 못했다면, 더 많은 훈련 데이터를 사용해 모델을 개선할 수 있다. 훈련 단계로 되돌아가 더 많은 동물 사진을 모은다. 그런 다음 학습 & 평가 단계에서 새로 훈련한다. 스크래치 스크립트를 다시 실행해 새로운 모델이 평가 사진을 제대로 분류하는지 확인한다.

⊃ 프로젝트 검토 및 개선

여러분은 동물 사진을 인식하는 머신러닝 모델을 성공적으로 훈련시켰다! 이 프로젝트는 규칙을 사용하지 않는다. 동물들이 어떻게 다른지, 동물들을 인식하는 방법을 구체적으로 설명하지 않았다. 컴퓨터가 사용할 수 있는 훈련 데이터를 미리 준비하는 과정을 사용했으며 이러한 방법을 지도 학습^{supervised learning}이라 한다.

평가 사진이 훈련 사진과 비슷하다면 모델은 제대로 작동할 것이다. 그러나 훈련 사진과는 다른 사진으로 평가한다면 다른 결과가 나올 수 있다.

그림 3-20 평가 데이터가 훈련 데이터와 비슷하지 않으면 머신러닝 모델의 결과는 많이 나빠진다.

68

예를 들어, 필자는 스크래치 프로젝트에서 사진 대신 소와 양의 그림으로 평가 사진으로 바꾸고 녹색 깃발을 클릭한 다음 코드를 다시 실행했다. 결과는 그림 3-20과 같이 제대로 분류하지 못했다.

이런 결과가 나온 원인은 훈련 사진으로 학습한 동물 인식 패턴이 그림 동물을 인식하는 데 도움이 되지 않았기 때문이다. 컴퓨터가 사진과 그림을 인식할 수 있도록 하려면 사진과 그림으로 훈련해야 한다.

훈련 단계로 되돌아가 그림 3-21처럼 사진과 그림이 포함된 훈련 데이터를 만든다. 각각의 버킷에 10장의 사진과 10장의 그림 예를 모았다.

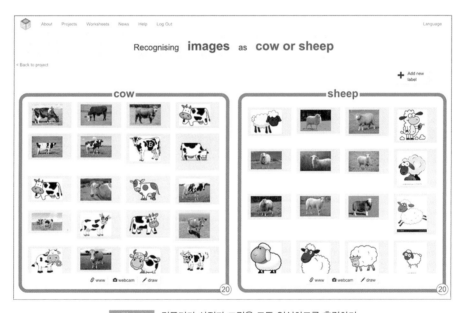

그림 3-21 컴퓨터가 사진과 그림을 모두 인식하도록 훈련하기

학습 & 평가 단계에서 새로 모은 훈련 데이터를 사용해 머신러닝 모델을 훈련시킨다. 이 새로운 사진과 그림은 컴퓨터가 사진과 그림의 패턴을 식별할 수 있도록 가르쳐 사진과 그림을 모두 인식할 수 있도록 가르친다. 그림 3-22는

업데이트된 머신러닝 모델의 성능이 얼마나 개선됐는지 보여준다.

그림 3-22　사진과 그림으로 평가하기

평가 이미지가 컴퓨터가 학습에 사용하는 훈련 이미지와 비슷할수록 머신러닝 모델의 성능은 더 좋아진다. 머신러닝 모델을 개선하려면 어떻게 해야 할까?

↻ 3장에서 배운 내용

3장에서는 동물 사진을 인식하고 분류할 수 있는 이미지 인식 시스템을 만들기 위해 머신러닝 모델을 사용했다. 훈련 이미지를 컴퓨터가 인식해야 할 이미지와 비슷하게 만들고 개수를 늘리면 결과를 좋게 만들 수 있는 것처럼 머신러닝 프로젝트의 핵심 원리 몇 가지를 배웠다.

또한 이미지 인식 시스템을 평가 사진으로 평가하고 얼마나 많은 이미지를 제대로 식별했는지 계산하는 방식으로 이미지 인식 시스템의 성능을 측정할 수 있다는 것도 알게 됐다. 여러분의 머신러닝 모델이 동물 사진들을 얼마나 잘 분류하는지 알아보고자 스크래치에서 프로젝트를 만들어 평가했다.

4장에서는 다른 이미지 인식 시스템을 훈련시키고, 이 머신러닝 모델을 사용해 게임을 해본다. 또한 몇 가지 이유로 인해 머신러닝 프로젝트가 잘못될 수도 있음을 배워보도록 한다.

4

컴퓨터와 가위바위보하기

장에서는 머신러닝을 이용해 동물 사진을 분류할 수 있는 이미지 인식 시스템을 만들었다. 컴퓨터가 인식하는 방법을 배울 수 있는 사진을 모아 이미지 인식 시스템을 만들었다.

4장에서는 그림 4-1과 같이 가위바위보에서 여러분이 내는 손 모양을 인식할 수 있도록 머신러닝 모델을 훈련한 다음, 컴퓨터와 가위바위보를 해본다.

그림 4-1 컴퓨터와 가위바위보 하기

이제 시작해보자!

⟳ 프로젝트 만들기

모델 훈련시키기

1. 새로운 머신러닝 프로젝트를 만들고, 프로젝트의 이름을 Rock Paper Scissors^{가위바위보}로 한 다음 이미지 인식 방법을 학습하도록 설정한다.

> **NOTE** 머신러닝 프로젝트를 만드는 방법을 모른다면 2장의 41쪽 '새로운 머신러닝 프로젝트 만들기' 절을 참고한다.

2. 그림 4-2의 **훈련**을 클릭한다.

훈련은 머신러닝 프로젝트의 첫 번째 단계다.

3. 그림 4-3의 화면에서 **새로운 레이블 추가**^{Add new label}를 클릭한 다음, 3개의 버킷을 만들고 버킷의 이름을 각각 Rock^{바위}, Paper^보, Scissors^{가위}로 한다.

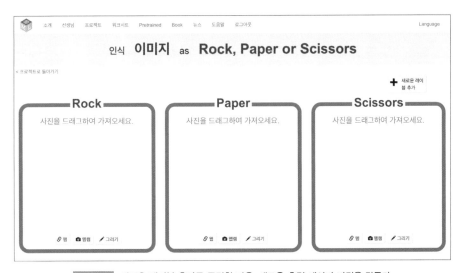

그림 4-3 **새로운 레이블 추가**를 클릭한 다음, 새로운 훈련 데이터 버킷을 만든다.

4. Rock^{바위} 버킷의 **웹캠**을 클릭한 다음, 그림 4-4와 같이 웹캠 앞에서 주먹을 낸다.

NOTE 이 단계를 처음 수행하면 웹 브라우저에서 어린이를 위한 머신러닝 도구가 웹캠을 사용할 수 있도록 권한을 요구한다. 이때 **허용**(Allow)을 클릭한다.

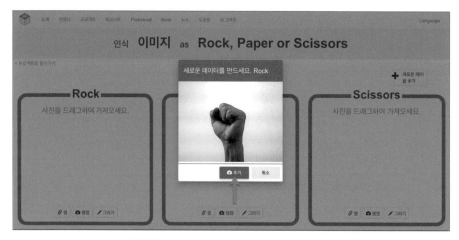

그림 4-4   웹캠을 이용해 첫 번째 훈련 사진을 찍는다.

5. 사진 찍을 준비가 되면 그림 4-4와 같이 **추가**를 클릭한다. 그림 4-5와 같이 주먹 사진을 Rock 버킷에 추가해야 한다.

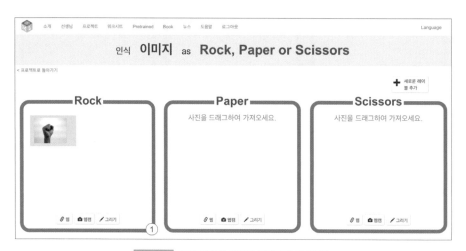

그림 4-5   훈련 버킷에 사진의 썸네일이 표시된다.

6. Paper^보와 Scissors^{가위} 버킷에도 웹캠 버튼을 사용해 4단계와 5단계를 반복한다. 그림 4-6과 같이 가위바위보 사진을 각각 10장씩 버킷에 추가한다.

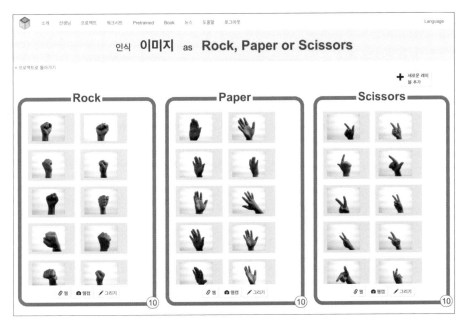

그림 4-6 가위바위보 훈련 데이터

7. 화면 왼쪽 위에 있는 **프로젝트로 돌아가기**를 클릭한다.

8. 그림 4-7에서 **학습 & 평가**를 클릭한다.

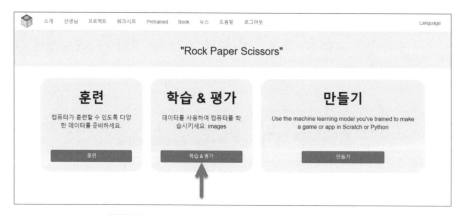

그림 4-7 학습 & 평가는 머신러닝 프로젝트의 두 번째 단계다.

9. 그림 4-8에서 **새로운 머신러닝 모델을 훈련시켜보세요**^{Train new machine learning model}를 클릭한다.

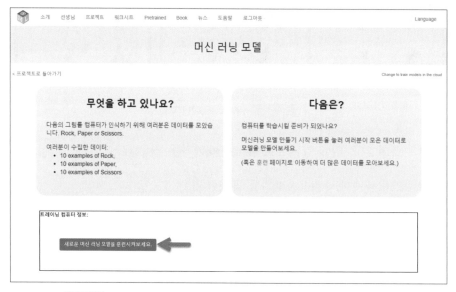

그림 4-8 **새로운 머신러닝 모델을 훈련시켜보세요**를 클릭한 다음, 훈련을 시작한다.

여러분이 찍은 사진은 머신러닝 모델 훈련에 사용된다. 컴퓨터는 다른 손 모양을 인식하기 위해 각 버킷에 있는 사진의 공통점을 학습한다. 학습 과정은 몇 분 정도 걸리지만, 다음 단계로 바로 이동해 가위바위보 게임을 준비할 수 있다.

가위바위보 게임 준비하기

여러분의 머신러닝 모델을 사용해 가위바위보 게임을 위한 스크래치 스크립트를 작성한다. 스크립트는 여러분의 손을 찍기 위해 웹캠을 사용하며, 머신러닝 모델은 여러분의 손 모양을 인식한다.

1. 화면에서 왼쪽 위의 **프로젝트로 돌아가기**를 클릭한다.

2. **만들기**를 클릭한다.

3. **스크래치 3**을 클릭한 다음, **스크래치 3 열기**를 클릭해 새 스크래치 창을 연다.

   그림 4-9와 같이 도구 모음에 조금 전에 만든 머신러닝 모델을 표시하시는 새로운 블록이 표시된다.

4. 그림 4-9처럼 스크래치 화면에서 **프로젝트 템플릿**을 클릭한다.

   여러분이 시간을 절약할 수 있도록 프로젝트 템플릿에서 다양한 샘플과 시작 프로젝트를 선택할 수 있다.

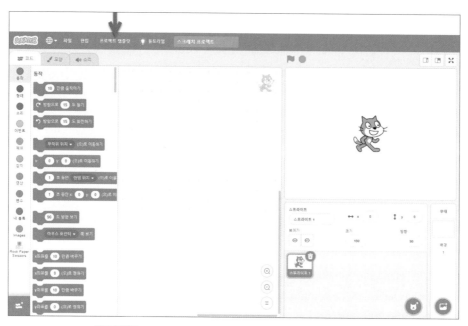

그림 4-9 상단 메뉴에서 프로젝트 템플릿(Project templates)을 연다.

5. 그림 4-10의 프로젝트 템플릿에서 **가위바위보**를 클릭한다(프로젝트를 더 빨리 찾기 위해 검색창에 이름을 입력하거나 **프로젝트의 이미지**를 클릭해도 된다).

이 템플릿은 스크래치에서 동작하는 가위바위보 게임을 제공한다. 다음 단계에서 스크래치 프로젝트에 머신러닝을 추가하는 방법을 설명하겠지만 시작하기 전에 코드를 읽어보고 어떻게 동작하는지 이해하길 바란다.

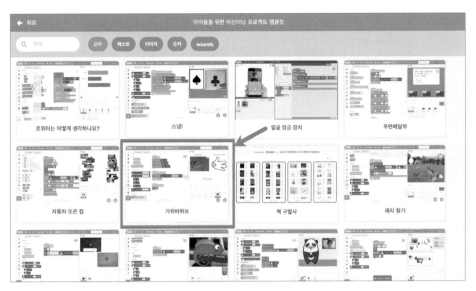

그림 4-10 가위바위보 템플릿

6. 그림 4-11과 같이 오른쪽 아래에 있는 **you 스프라이트**를 클릭한 다음 클릭했을 때 와 new-move ▼ 신호를 받았을 때 스크립트를 찾는다.

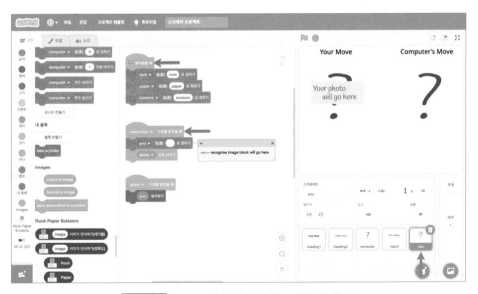

그림 4-11 you 스프라이트에서 수정할 스크립트를 찾는다.

7. 그림 4-12와 같이 Rock Paper Scissors 머신러닝 훈련 버킷 블록을 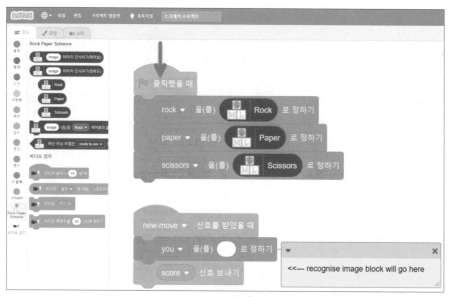 클릭했을 때 스크립트로 드래그한다.

그림 4-12 프로젝트의 블록으로 ⬚클릭했을 때 스크립트를 업데이트한다.

8. 그림 4-13과 같이 [ML image 이미지 인식하기(레이블)] 블록을 [new-move ▼ 신호를 받았을 때] 스크립트로 드래그한 다음, [costume image] 블록을 해당 블록으로 드래그한다.

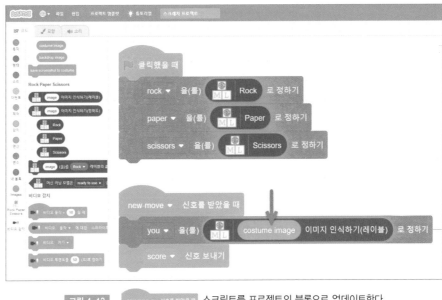

그림 4-13 [new-move ▼ 신호를 받았을 때] 스크립트를 프로젝트의 블록으로 업데이트한다.

게임 평가하기

이제 프로젝트를 실행해보자!

컴퓨터와 가위바위보 게임을 하기 위해 녹색 깃발 아이콘을 클릭한다.

웹캠 앞에서 가위바위보 중 하나를 내고 키보드의 P 키를 눌러 사진을 찍는다. P 키를 누르면 카메라가 활성화되고 사진을 찍는다.

컴퓨터는 가위바위보 중에 하나를 무작위로 선택하고 그 결과를 그림으로 표시한다. 이 게임은 여러분의 손 모양을 인식하기 위해 머신러닝 모델을 사용하며, 그림 4-13과 같이 누가 이겼는지 메시지로 확인할 수 있다.

그림 4-13 가위바위보 게임하기

↻ 프로젝트 검토 및 개선

세 개의 다른 손 모양 사진을 인식하는 머신러닝 모델을 훈련했다! 머신러닝 모델이 왜 잘 동작하는지, 왜 실수하는지 실험해보길 바란다.

머신러닝 모델은 가위바위보 게임을 이해하거나 여러 손 모양의 의미를 알지 못한다. 머신러닝 모델은 여러분이 찍은 사진에서 패턴을 배울 뿐이다.

훈련용 주먹 사진을 웹캠 바로 앞에서 찍어 손이 커 보이게 하고, 훈련용 가위 사진을 웹캠에서 아주 멀리서 찍어 손이 매우 작게 나오게 했다고 상상해보자. 컴퓨터는 이런 크기의 패턴이 중요하다고 생각해, 크게 나온 손을 '주먹', 작게 나온 손을 '가위'라고 학습할 수 있다. 이는 컴퓨터가 크게 나온 손 사진을 '바위'라고 인식할 수 있다는 것을 의미한다.

이번에는 그림 4-14와 같이 모든 훈련용 바위 사진이 왼쪽에서 나온 손이고, 모든 훈련용 보 사진이 오른쪽에서 나온 손이라고 생각해보자. 컴퓨터는 이런 방향 패턴이 중요하다고 생각해 왼쪽에서 오른쪽으로 향한 손을 '바위', 그리고 오른쪽에서 왼쪽으로 향한 손을 '보'라고 학습할 수 있다. 이는 왼쪽에서 오른쪽으로 향한 손 모양의 사진을 '바위'라고 인식할 수 있다는 것을 의미한다.

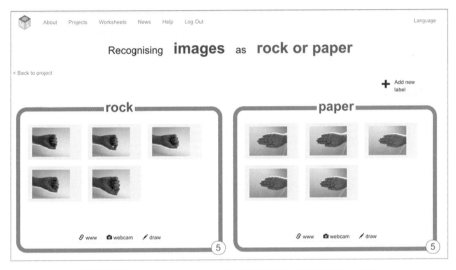

그림 4-14 컴퓨터는 훈련 데이터에서 예상치 못한 패턴을 학습할 수 있다.

우리는 프로젝트를 더 쉽게 만들기 위해 훈련 버킷에 있는 레이블label만 사용했다. 컴퓨터는 훈련 데이터에서 패턴을 찾을 때 레이블을 고려하지 않는다. 레이블을 숨기고 친구에게 그림 4-14의 각 버킷에 있는 사진들의 공통점을 찾으라고 하면, 친구들은 "모든 손이 오른쪽을 가리키거나 왼쪽을 가리킨다"라고 말할지도 모른다. 머신러닝 모델도 비슷한 방식으로 작동하기 때문에 컴퓨터는 잘못된 패턴을 학습할 수 있다.

사진의 배경도 비슷한 영향을 미칠 수 있다. 필자가 이 프로젝트를 만들 때 우연히 이런 사실을 발견한 학생을 도왔다. 학생의 얼굴이 모든 바위와 보 훈련 사진에 들어갔지만, 모든 가위 사진에는 그 학생과 동급생의 얼굴이 포함돼 있었다.

스크래치에서 그 학생이 프로젝트를 실행했을 때, 필자가 옆에서 지켜보기 전까지는 손의 모양을 잘 인식하는 것 같았다. 그러나 내가 옆에서 지켜봤을 때부터 그 학생의 프로젝트는 손 모양을 항상 가위로만 인식했다.

처음에는 잘 몰랐지만 그 학생은 한두 사람이 함께 찍은 사진의 차이를 인식하도록 머신러닝을 훈련시켰다. 이로 인해 머신러닝 모델은 두 사람이 함께 찍은 사진을 '가위'로 인식하도록 학습했다.

여러분의 머신러닝 모델이 이런 잘못된 패턴의 영향을 받지 않도록 하려면 훈련 데이터를 다양하게 만들면 좋다.

훈련 데이터에 같은 주제에 관한 매우 다양한 사진이 포함돼 있다면 여러분의 프로젝트가 제대로 동작할 것이다. 훈련용 바위 사진을 찍을 때 다양한 각도와 방향에서 바위 모양의 사진을 찍는 것이 좋다. 일부 사진은 가까이서 크게, 일부 사진은 멀리서 작게 찍는다. 다른 배경에서 사진을 찍는다면 더 좋다. 훈련용 바위 사진들의 공통점이 주먹 모양의 손이라면, 컴퓨터는 모양을 인식하기 위해 이런 공통점을 패턴으로 학습한다.

14장에서 머신러닝 모델을 혼란하게 만드는 방법을 더 자세히 알아보겠지만, 현재로서는 각각의 훈련용 버킷에 있는 사진의 공통점이 하나라면 머신러닝 모델은 사진을 인식하기 위해 그 패턴만 학습한다는 것만 기억하면 된다.

⟳ 4장에서 배운 내용

4장에서는 사진을 인식하도록 또 다른 머신러닝 모델을 훈련했다. 3장에서는 사진 인식 머신러닝 모델을 사용해 사진을 분류했다. 이번에는 여러분의 손 모양을 인식하도록 만들어 컴퓨터를 상대로 가위바위보 게임을 했다. 이 두 프로젝트 모두 이미지 인식의 사례를 보여주는 좋은 예다.

이미지 인식으로 컴퓨터를 훈련시키는 기본적인 방법은 훈련을 위한 예제 사진을 수집하는 것이고 머신러닝 모델의 성능을 개선하기 위해서는 잘못된 패턴이 있는 데이터를 훈련 데이터에 포함시키면 안 된다는 것을 배웠다.

그러나 컴퓨터는 사진에 있는 의외의 요소를 인식할 수 있다. 5장에서는 머신러닝 모델이 학습할 수 있는 다른 패턴을 살펴보도록 한다.

5

영화 포스터 인식하기

3장과 4장에서는 훈련 이미지의 공통적인 색과 모양, 패턴을 인식해 특정 대상의 사진을 식별하는 머신러닝 시스템을 만들기 위해 훈련 이미지를 수집했다.

5장에서는 같은 기술을 사용해 사진의 대상보다 그림의 스타일을 인식하도록 모델을 훈련시킨다. 예를 들어 훈련 버킷 한쪽에는 수채화 그림을, 다른 한쪽 버킷에는 펜화 pen drawing[1]를 모아두면 그림이 수채화인지 펜화인지 인식하는 머신러닝 모델을 훈련시킬 수 있다.

실생활에서 이런 기술이 사용되는 가장 일반적인 예로 검색 엔진을 들 수 있다. 이미지 검색 엔진은 이미지의 시각적 스타일을 인식해 이미지 결과를 유형(클립아트와 선화 line drawing[2], 사진 등)별로 필터링 filtering[3]할 수 있다. 이런 검색 엔진은 각 검색 결과의 유형을 인식할 수 있도록 다양한 유형의 그림을 많이 사용해 훈련시킨 머신러닝 모델을 사용한다.

어떤 사람들은 완전히 새로운 그림을 만들기 위해 머신러닝 시스템을 사용한다. 여기에는 특정 유형의 예술 작품에서 발견되는 패턴을 인식하도록 컴퓨터를 훈련시킨 다음, 학습한 내용을 사용해 훈련한 패턴의 스타일로 새로운 예술 작품을 만드는 것도 포함된다. 2018년 인공지능 시스템이 만든 그림이 경매에서 약 5억 원에 팔렸다.[4]

이런 유형의 프로젝트를 컴퓨터를 이용한 창의력 computational creativity이라 하며 모든 종류의 것을 만드는 데 사용되고 있다. 인공지능 시스템은 새로운 음악을 작곡했으며 조리법과 요리까지 발명했다. 5장에서는 그림만으로 예술 작품의 장르를 인식할 수 있는 머신러닝 모델을 훈련시킨다.

---

1 갈대나 깃, 강철과 같은 뾰족한 붓으로 그린 그림 – 옮긴이

2 만화처럼 색칠하지 않고 선으로만 그린 그림 – 옮긴이

3 어떤 기준으로 콘텐츠의 특징을 기술하는 정보와 사용자의 기호가 담긴 프로파일을 비교해 사용자에게 필요한 정보를 추천하는 방법 – 옮긴이

4 '인공지능 그림 첫 낙찰…초상화 5억 원에 팔려 예상가 40배', 연합뉴스, 2018년 10월 26일자 기사(https://bit.ly/3jOLxaP)

특정 영화 장르의 포스터들이 어떤 공통점을 갖는지 생각해보자. 예를 들어, 스릴러 영화^{thriller movie} **5** 포스터 대부분은 어두운 색과 큰 글자를 주로 사용한다. 로맨스 영화^{romance movie} **6** 포스터는 주로 밝은 색과 꽃무늬 글자^{flowery letter}로, 공상과학 영화^{science-fiction movie} 포스터는 주로 우주선과 별, 행성, 검은 배경으로 구성된다.

우리는 이런 것을 깨닫지 못한 채로 이런 패턴들에 익숙해져 있다 보니 포스터를 보기만 해도 영화의 장르를 알아볼 수 있다(그림 5-1 참조).

그림 5-1 머신러닝 모델은 영화 장르를 인식하도록 학습할 수 있다.

---

5   범죄·스파이 활동 등에 대한 흥미진진한 이야기를 담은 영화) – 옮긴이
6   사랑 이야기나 연애 사건을 주제로 한 영화 – 옮긴이

이 프로젝트에서는 특정 장르 예술 작품의 공통점을 인식할 수 있도록 컴퓨터를 훈련시킨다. 예를 들어 액션 영화 포스터에는 어떤 공통점이 있을까? 레이싱 비디오 게임 패키지 상자의 그림이나 랩 앨범의 표지라면? 컴퓨터가 포스터나 표지의 그림만으로 책과 같은 예술 작품의 장르를 식별할 수 있도록 예술 작품의 패턴을 인식하는 방법을 학습할 수 있는지 알아본다.

이제 시작해보자!

⟳ 프로젝트 만들기

장르별로 그룹화할 수 있으며 그림 표지나 포스터로 표현할 수 있는 예술의 유형을 선택한다. 예를 들어 다음과 같은 유형을 선택할 수 있다.

- ▶ 책 표지로 표현할 수 있는 책
- ▶ 영화 포스터로 표현할 수 있는 영화
- ▶ 패키지 상자로 표현할 수 있는 비디오 게임
- ▶ 앨범 표지로 표현할 수 있는 음악 앨범

이 프로젝트에서는 여러분이 선택한 예술 작품의 그림을 모아 훈련 데이터로 사용해야 한다. 장르별로 책이나 영화, 게임 또는 앨범이 모여 있는 웹사이트를 찾는다. 책을 선택했다면 서점이나 도서관 웹사이트가 훈련 데이터 수집에 유용하다. 음악 앨범이나 비디오 게임을 선택했다면 유통사 웹사이트가 좋을 것이다.

다음으로 컴퓨터가 장르를 인식할 수 있도록 훈련할 몇 가지 장르를 선택한다. 확실하게 구분되는 장르를 선택하면 컴퓨터를 훈련시키기 더 쉬울 것이다. 예를 들어, 액션 영화와 모험영화 포스터의 차이를 인식하는 것보다 액션 영화와

로맨스 영화의 포스터 차이를 인식하기가 더 쉽다.

이 프로젝트에서 스크린샷을 위해 포스터를 토대로 액션과 가족, 드라마 세 장르의 영화를 인식하는 머신러닝 모델을 훈련시킨다.

예술의 유형과 장르를 선택했다면 모델 훈련을 시작할 수 있다.

모델 훈련시키기

1. 새로운 머신러닝 프로젝트를 만들고 프로젝트의 이름을 Judge a movie by its poster(포스터로 영화 판단하기)로 설정한 다음, 이미지 인식 방법을 학습하도록 설정한다.

    NOTE 머신러닝 프로젝트를 만드는 방법을 모른다면 2장의 41쪽 '새로운 머신러닝 프로젝트 만들기' 절을 참고한다.

2. 그림 5-2에서 **훈련**을 클릭한다.

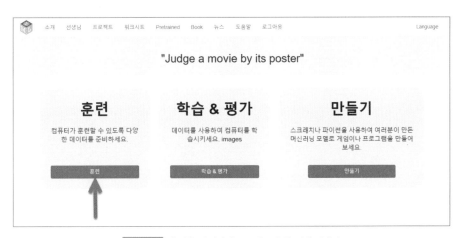

그림 5-2 훈련은 머신러닝 프로젝트의 첫 번째 단계.

3. 그림 5-3처럼 **새로운 레이블 추가**를 클릭하고 첫 번째 장르의 이름을 입력한다.

그림 5-3 **새로운 레이블 추가하기**를 클릭한 다음, 장르 훈련 버킷을 만든다.

4. 웹 브라우저에서 두 번째 창 또는 새로운 브라우저를 열고(파일 › 새 창), 그림 5-4와 같이 두 번째 창을 첫 번째 창과 나란히 배치한다. 두 번째 창에서 첫 번째 장르에 해당하는 영화를 검색한다.

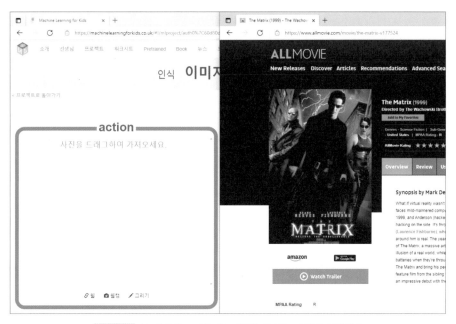

그림 5-4 두 개의 웹 브라우저를 나란히 배치하고 영화를 검색한다.

5. 첫 번째 장르의 사진(책 표지나 영화 포스터, 게임 패키지 상자, 또는 앨범 표지)을 드래그해 프로젝트의 훈련 버킷으로 옮긴다.

그림 5-6과 같이 훈련 버킷에 사진의 썸네일이 나타난다. 썸네일이 나타나지 않는다면 다시 사진을 드래그해 옮긴다.

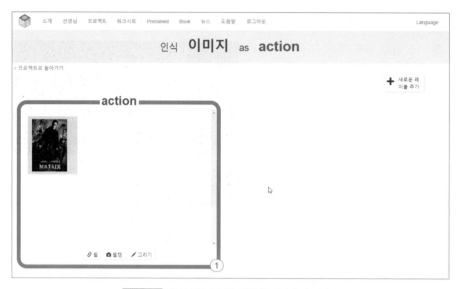

그림 5-5 액션 영화 인식을 위한 첫 번째 훈련 데이터

6. 그림 5-7과 같이 해당 장르의 그림이 최소 20장 이상이 될 때까지 5단계를 반복한다.

그림 5-6 액션 영화 포스터의 훈련 데이터

7. 그림 5-8과 같이 모델이 인식할 수 있는 모든 장르에 대해 3단계부터 6단계까지 반복한다.

각 장르에 비슷한 개수의 데이터를 수집한다. 바꿔 말하면 한 버킷의 데이터가 다른 버킷의 데이터에 비해 너무 많아지지 않도록 해야 한다.

그림 5-7 여러 유형의 영화 포스터 인식을 위한 훈련 데이터

8. 화면 왼쪽 위에 있는 **프로젝트로 돌아가기**를 클릭한다.

9. 그림 5-9에서 **학습 & 평가**를 클릭한다.

그림 5-8 학습 & 평가는 머신러닝 프로젝트의 두 번째 단계다.

10. 그림 5-10에서 **새로운 머신러닝 모델을 훈련시켜보세요**를 클릭한다.

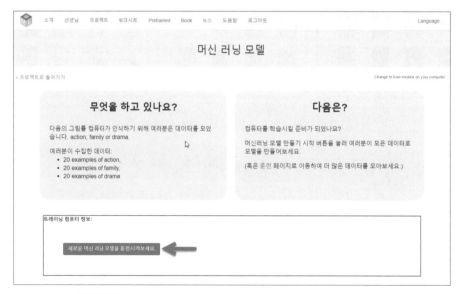

그림 5-9 **새로운 머신러닝 모델을 훈련시켜보세요**를 클릭해 훈련을 시작한다.

컴퓨터는 다양한 장르의 표지나 포스터의 패턴을 찾기 위해 여러분이 수집한 데이터를 사용한다. 모델 훈련은 수집한 데이터의 개수에 따라 몇 분 정도 걸릴 수 있으며, 기다리는 동안 두 번째 웹 브라우저에서 다음 단계를 계속 진행할 수 있다.

프로젝트 준비하기

머신러닝 모델이 처음 보는 그림에서 장르를 인식할 수 있는지 평가해야 한다. 머신러닝 모델을 평가하기 위해서는 훈련에 사용하지 않은 새로운 사진을 저장한 다음, 모델 평가를 위한 스크립트를 스크래치에서 작성해야 한다.

1. 여러분이 고른 각 장르의 사진을 더 검색한 다음 컴퓨터에 저장한다. 사진을 저장하려면 그림 5-12와 같이 사진 위로 마우스 포인터를 이동해, 마우스 오른쪽 버튼을 클릭한 다음 이미지를 **다른 이름으로 저장…** 을 선택한다.

> NOTE 모델 훈련에 사용한 그림을 다시 선택하면 안 된다. 장르를 얼마나 잘 인식하는지 평가하는 것이지 훈련용 사진을 얼마나 잘 기억하는지를 평가하려는 것이 아니다.

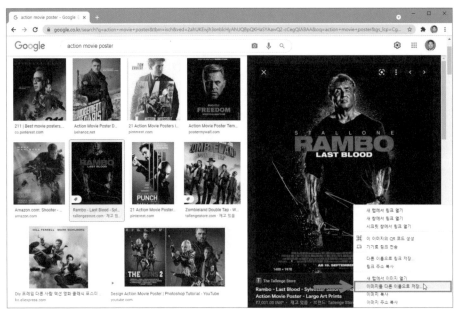

그림 5-10   평가용 사진을 컴퓨터에 저장한다.

그림 5-11과 같이 평가를 위한 사진을 폴더에 저장한다. 저장한 사진
이 많을수록 머신러닝 모델 평가에 사진을 더 많이 사용할 수 있다.

그림 5-11   평가용 데이터 준비하기

2. 화면에서 왼쪽 위의 **프로젝트로 돌아가기**를 클릭한다.

3. 그림 5-12에서 **만들기**를 클릭한다.

그림 5-12 만들기는 머신러닝 프로젝트의 세 번째 단계다.

4. **스크래치 3**을 클릭한 다음, **스크래치 3 열기**를 클릭해 새 스크래치 창을 연다.

5. 스프라이트 창에서 고양이 스프라이트 1 ![icon] 을 클릭한 다음 왼쪽 위에 있는 **모양** 탭을 클릭한다.

6. 화면 왼쪽 아래에서 마우스 포인터를 모양 고르기 아이콘 ![icon 모양 고르기] 위에 올려놓는다. 모양 업로드하기 아이콘 ![icon 모양 업로드하기] 을 클릭하고 평가를 위한 사진을 다운로드해 저장한 폴더를 연다.

7. 1단계에서 저장한 평가용 그림을 모두 선택한 다음 **열기**(O)를 클릭해 고양이 스프라이트 모양으로 한 번에 모두 업로드한다.

> **NOTE** 각각의 평가 이미지를 별도의 스프라이트로 만들면 안 된다. 오른쪽 아래에는 하나의 스프라이트만 있어야 하며, 왼쪽에는 여러 모양이 있어야 한다.

8. 그림 5-13과 같이 스프라이트 텍스트 상자에서 스프라이트의 이름을
   스프라이트 1에서 테스트 이미지로 바꾼다.

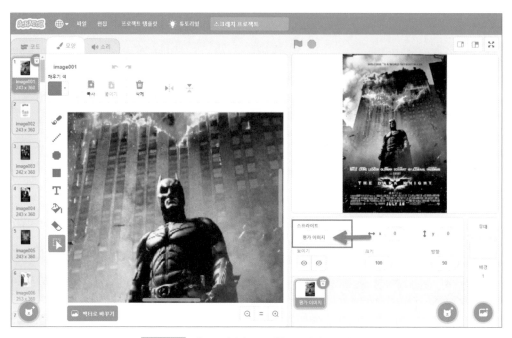

그림 5-13 테스트 이미지를 보관할 스프라이트를 만든다.

9. 스크래치 프로젝트에 몇 개의 버튼 스프라이트가 필요하다. 마우스를
   오른쪽 아래의 스프라이트 고르기 아이콘 위로 이동한다.

   여러분만의 버튼을 만들기 위해 **그리기**를 클릭한 다음, 그리기와 색칠
   하기 도구로 들어간다. 그리는 동안 실수를 하더라도 걱정할 필요가
   없다. 실수했다면 모양 이름^{costume name} 옆에 있는 파란색 되돌리기^{undo}
   화살표를 클릭하면 된다.

군이 그리지 않겠다면 그림 5-14처럼 **스프라이트 고르기**를 클릭한 다음
스크래치 스프라이트 라이브러리에서 버튼을 선택한다. 각각의 장르
에 맞는 버튼을 만든다.

그림 5-14 **스프라이트 고르기**를 클릭한 다음, 스프라이트 라이브러리로 들어간다.

10. 그림 5-15와 같이 버튼 스프라이트의 이름을 장르에 맞게 바꾼다. 책
에서는 세 개 버튼의 이름을 액션^{action}과 가족^{family}, 드라마^{drama}로 바
꿨다.

그림 5-15 각 장르의 버튼을 만든다.

11. **모양** 탭을 클릭하고 텍스트 도구(T자 모양)를 선택해 버튼에 레이블을
추가한다. 채우기 색 도구(페인트 통 모양)를 사용해 레이블의 색을 선택
한다. 그림 5-16처럼 레이블이 장르의 이름과 일치해야 한다.

그림 5-16 텍스트와 채우기 색 도구를 사용해 각 버튼에 하얀색 레이블을 추가했다.

12. 다음으로 세 개의 변수를 만든다. **코드** 탭을 클릭한 다음, 도구 모음에서 변수를 선택하고 그림 5-17과 같이 변수 만들기 를 클릭한다.

NOTE 세 개의 변수 모두에 대해 모든 스프라이트에서 사용 옵션을 선택한다.

세 변수 중 두 개는 컴퓨터의 결정이 얼마나 옳은지 또는 틀린지를 센다. 첫 번째 변수의 이름은 맞음, 그리고 두 번째 변수의 이름은 틀림으로 한다.

세 번째 변수는 마지막 그림의 장르에 대한 컴퓨터의 결정 변수를 저장한다. 이 변수의 이름을 컴퓨터로 한다.

그림 5-17   **변수 만들기**를 클릭한 다음 세 개의 프로젝트 변수를 만든다.

13. 그림 5-18과 같이 맞음과 틀림 변수 앞의 체크박스를 선택한다. 체크
   할 경우 프로젝트를 평가하는 동안 변수에 저장되는 점수를 무대에서
   볼 수 있다. 컴퓨터 변수 옆에 있는 체크박스는 선택을 해제한다.

그림 5-18   **변수 만들기**를 클릭한 다음, 세 개의 프로젝트 변수를 만든다.

14. 평가 이미지 스프라이트를 클릭한다.

15. 그림 5-18과 같이 스크립트를 작성한다.

> **NOTE** 스크래치에서 코딩하는 방법을 모른다면 이 책의 소개의 26쪽 '스크래치에서 코드 작성하기' 절을 참고한다.

스위치 모양^{switch costume} 블록에서 드롭다운 화살표를 사용해 모양^{costume}을 첫 번째 평가 그림(그림 5-18의 첫 번째 평가 그림의 이름은 image001이다)으로 설정한다.

그림 5-18 영화 포스터 인식을 위한 코드

16. 그림 5-19와 같이 첫 번째 장르 버튼 스프라이트를 클릭한다.

장르 버튼

17. 그림 5-20의 스크립트를 작성하고 액션 블록을 첫 번째 장르 버튼의 레이블에 맞게 변경한다.

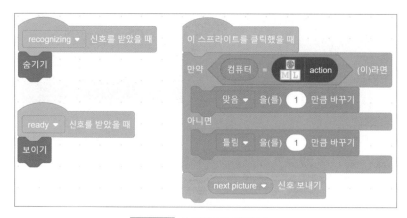

그림 5-20 첫 번째 장르 버튼의 코드

사용자가 버튼을 클릭하면 컴퓨터는 이 코드를 사용해 장르를 추측한다. 사용자의 선택과 모델이 인식한 장르가 일치하면 맞음 변수의 값이 1만큼 증가한다. 일치하지 않으면 틀림 변수의 값이 1만큼 증가한다.

18. 다음 장르 버튼 스프라이트를 클릭하고 그림 5-21처럼 17단계의 스크립트를 복사한다. 이전과 같이 장르와 버튼의 레이블을 일치시킨다. 이 프로젝트의 두 번째 버튼은 가족 영화로 설정했다.

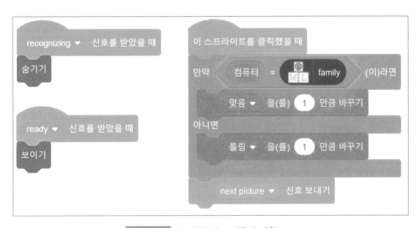

그림 5-21 두 번째 장르 버튼에 대한 코드

19. 그림 5-22와 같이 모든 장르 버튼에 대한 스크립트가 복사되도록 17
    단계를 반복한다.

그림 5-22   모든 장르 버튼마다 스크립트를 작성해야 한다.

이제 머신러닝 프로젝트를 평가할 준비를 마쳤다!

모델 평가하기

프로젝트 평가는 다른 사람이 해야 한다. 여러분이 다운로드한 평가용 그림을
보지 않은 사람이 프로젝트를 평가하는 편이 좋기 때문이다.

녹색 깃발을 클릭하면 스크래치는 평가용 그림을 보여주고 어떤 장르인지 결
정하게 한다. 스크래치 코드는 그림 5-23과 같이 머신러닝 모델이 얼마나 많
이 맞혔는지 여부를 기록한다.

그림 5-23 머신러닝 모델 평가하기

프로젝트를 평가하는 사람은 이미 작품을 알고 있더라도 그림만으로 판단해 장르를 클릭해야 한다.

⤷ 프로젝트 검토 및 개선

이 프로젝트에서는 다른 장르의 이미지에서 공통적으로 발견할 수 있는 시각 적 스타일을 인식하도록 머신러닝 모델을 훈련시켰다.

머신러닝 모델이 맞음보다 틀림 판정을 더 많이 했다면 훈련 단계에서 훈련 버 킷에 더 많은 데이터를 추가한 다음, 학습 & 평가 단계에서 추가한 데이터로 머신러닝 모델을 새로 훈련시킨다. 일반적으로 더 많은 훈련 데이터로 학습시 키면 더 좋은 결과가 나온다.

⟳ 5장에서 배운 내용

5장에서는 그림을 인식하는 다른 머신러닝 모델을 훈련시켰다. 앞에서는 그림에서 사물을 인식하도록 이미지 인식 시스템을 훈련했다. 이번에는 그림의 주제가 아니라 스타일을 인식하기 위해 머신러닝 모델을 사용했다.

또한 평가 질문에 대한 머신러닝 모델의 답변과 사람의 판단 결과를 비교하는 것이 머신러닝 시스템의 성능을 측정하는 또 다른 방법임을 알게 됐다.

6장에서는 또 다른 유용한 이미지 인식 응용인 필체 인식handwriting recognition에 대해 알아보도록 한다.

6

메일 분류하기

지금까지 이미지를 인식하도록 컴퓨터를 훈련시켰다. 컴퓨터가 볼 수 있다면 우리에게 도움이 되는 일들이 많이 있다. 예를 들어, 컴퓨터가 많은 문자의 예를 본 다음에 문자나 숫자의 그림을 인식하는 광학 문자 인식^{OCR, Optical Character Recognition}은 유용한 작업 응용 중의 하나다.

광학 문자를 인식하도록 훈련시킨 컴퓨터는 신문이나 책에 인쇄된 단어를 읽을 수 있다.

OCR을 인식한 단어를 소리 내 읽을 수 있는 음성 문자 변환^{TTS, Text-to-Speech} 시스템과 결합하면 시각 장애인이 볼 수 없는 텍스트를 읽을 수 있다.

역사학자와 도서관 사서, 기록 보관 담당자들은 OCR을 사용해 역사책과 인쇄된 문서를 연구한다. 머신러닝은 OCR을 통해 단어를 인식할 수 있어서 수백 년 전의 출판물을 검색할 수 있다.

도로에 설치된 OCR 시스템은 차량 번호판의 문자와 숫자를 인식한다. 차량이 요금소를 빠르게 지날 때 차량 번호판 자동 인식^{ANPR, Automatic Number Plate Recognition}을 사용해 차량 번호판을 인식함으로써 통행료를 빠르고 효율적으로 처리할 수 있어 차량 흐름을 유지하고, 도로 안전을 개선한다.

기업은 OCR을 사용해 서식과 문서를 처리한다. 서식을 채우거나 문서에 서명하면 머신러닝 시스템은 OCR을 사용해 여러분이 쓴 글자를 자동으로 인식한다.

해외여행을 가봤다면 번역 앱을 사용해본 적이 있을 것이다. 스마트폰으로 외국어로 된 표시나 메뉴를 찍으면 여러분의 모국어로 번역이 된다. 사진의 단어와 문자를 인식하는 데 OCR이 사용된다.

일반적으로 OCR은 편지 분류에 사용되는데, 이번 프로젝트에서 실습해본다. OCR을 사용해 컴퓨터가 필체를 인식하도록 훈련시켜 문자를 빠르게 분류하는 방법을 배운다. 그림 6-1과 같이 편지 봉투에 적힌 우편번호를 인식해 문자를 자동으로 분류할 수 있는 편지 봉투 분류 시스템을 스크래치로 작성한다.

이제 시작해보자!

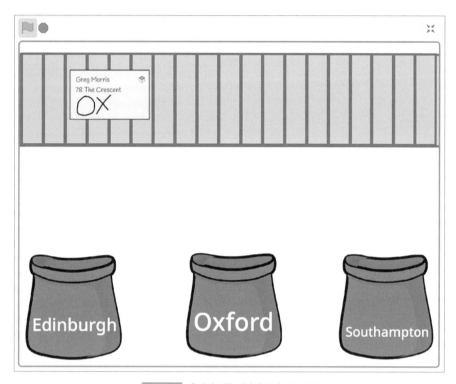

그림 6-1 우편번호를 인식해 문자 분류하기

⟳ 프로젝트 만들기

먼저 분류 시스템이 문자를 인식할 수 있는 큰 도시 세 곳을 선택한다.

여기서는 영국의 도시, 에딘버러^{Edingburgh}와 옥스퍼드^{Oxford} 그리고 사우샘프턴 ^{Southampton} 세 곳을 선택했다.

그런 다음 이 도시를 식별하는 데 사용할 수 있는 코드를 선택해야 한다. 필자 가 사는 영국에서는 이런 코드를 우편번호^{postcode}라고 하며, 미국에서는 ZIP 코 드라고 한다. 이 프로젝트를 빠르게 진행하기 위해 각 우편번호의 처음 두 문 자를 사용했다.

이 프로젝트에서 사용한 우편번호는 다음과 같다.

- ▶ EH: 에딘버러 주소를 위한 우편번호
- ▶ OX: 옥스퍼드 주소를 위한 우편번호
- ▶ SO: 사우스햄스턴 주소를 위한 우편번호

미국에 살고 있다면 ZIP 코드 대신 도시가 위치한 주의 우편 약어를 사용해도 된다. 예를 들어, 댈러스Dallas 주소를 나타내기 위해 TX를 사용하거나 보스턴Boston을 나타내기 위해 MA를 사용해도 된다.

서로 다른 단축 코드를 사용하는 도시 세 곳을 선택한다.

모델 훈련시키기

컴퓨터가 여러분이 선택한 우편번호를 인식하도록 훈련시키려면 해당 코드를 직접 쓰고, 그 데이터를 사용해 머신러닝 모델을 훈련시킨다.

1. 새로운 머신러닝 프로젝트를 만들고 프로젝트의 이름을 Sorting office 분류 사무실로 한 다음, 이미지 인식 방법을 학습하도록 설정한다.

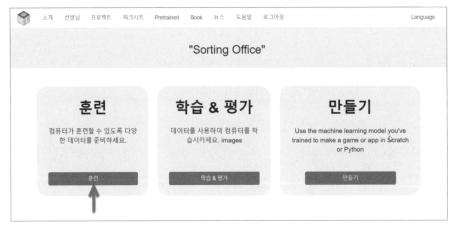

그림 6-2 훈련은 머신러닝 프로젝트의 첫 번째 단계다.

NOTE 머신러닝 프로젝트를 만드는 방법을 모른다면 2장의 41쪽 '새로운 머신러닝 프로젝트 만들기' 절을 참고한다.

2. 그림 6-3처럼 화면에서 **새로운 레이블 추가**를 클릭하고 첫 번째 도시의 이름을 입력한다.

그림 6-3 **새로운 레이블 추가하기**를 클릭한 다음, 도시 훈련 버킷을 만든다.

3. 그림 6-4와 같이 도시 훈련 버킷 아래의 **그리기**를 클릭한다.

그리기 창이 열리면 그리기 상자 안에 이 도시를 컴퓨터가 인식하도록 훈련시킬 코드를 쓴다.

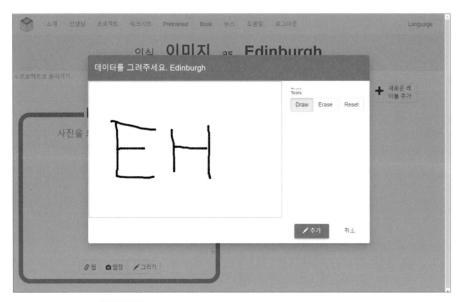

그림 6-4 draw(그리기)를 클릭한 다음, 새로운 데이터를 추가한다.

NOTE 터치스크린이 있으면 우편번호를 쉽게 입력할 수 있겠지만 마우스를 사용하더라도 걱정할 필요는 없다. 이 프로젝트를 진행하기 위해 우편 번호 약어를 깔끔하게 쓸 필요는 없다. 할 수 있는 한 최선을 다하면 된다.

4. 그림 6-5와 같이 첫 번째 도시의 약어 코드가 최소 10개 이상이 될 때 까지 4단계를 반복한다.

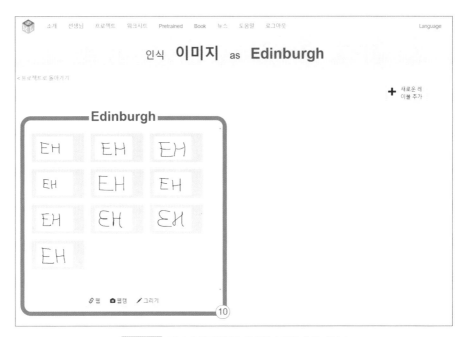

그림 6-5 딘버러 우편번호를 인식하기 위한 훈련 데이터

5. 그림 6-6과 같이 각 도시의 우편번호 데이터가 최소 10개 이상이 될 때까지 다음 두 개의 도시에 대해서도 3단계~5단계를 반복한다.

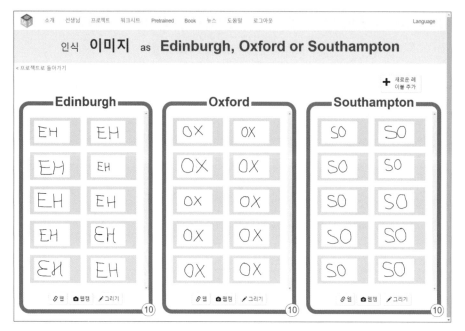

그림 6-6 도시 세 곳에 대한 우편번호 훈련 데이터

6. 화면 왼쪽 위에 있는 **프로젝트로 돌아가기**를 클릭한다.

7. 그림 6-7에서 **학습 & 평가**를 클릭한다.

그림 6-7 학습 & 평가는 머신러닝 프로젝트의 두 번째 단계다.

8. 그림 6-8에서 **새로운 머신러닝 모델을 훈련시켜보세요**를 클릭한다.

컴퓨터는 여러분이 손으로 쓴 예를 사용해 다른 도시의 코드를 인식하는 방법을 배운다. 여러분이 같은 '펜'과 같은 '색'으로 썼기 때문에, 컴퓨터는 같은 방식으로 쓰인 우편번호를 가장 잘 인식할 것이다.

훈련 과정은 몇 분 정도 걸릴 수 있다.

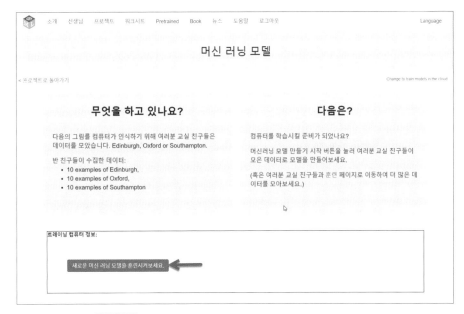

그림 6-7 우편번호를 인식하도록 새로운 머신러닝 모델을 훈련시킨다.

9. 이제 여러분의 머신러닝 모델을 평가한다. 이전 프로젝트에서는 스크래치로 이동해 인터넷에서 다운로드하거나 웹캠으로 찍은 사진을 얼마나 잘 인식하고 분류하는지 평가했다. 이번에는 스크래치로 이동하기 전에 여기서 먼저 모델을 평가해 결과를 확인한다.

선생님이 여러분에게 새로운 것을 가르쳐주실 때, 선생님은 여러분이 배운 것을 이해했는지 확인하고자 여러분을 수시로 평가한다. 평가는 머신러닝 프로젝트에서도 중요하다. 머신러닝 모델을 훈련시킨 다음에 컴퓨터를 평가하지 않으면 훈련이 얼마나 잘 이뤄졌는지 알 수 없다.

그림 6-9와 같이 **그림 그리기로 테스트하기**를 클릭해 머신러닝 모델을 평가한다. 도시에 대한 우편번호 코드를 써보고 컴퓨터가 얼마나 잘 인식하는지 확인한다.

그림 6-9 평가는 머신러닝 프로젝트에서 중요한 부분이다.

여러분의 머신러닝 모델 훈련이 아직 끝나지 않았다면 그림 그리기로 테스트하기 버튼이 표시되지 않는다. 이런 경우 1~2분 정도 더 기다려야 한다.

머신러닝 모델의 우편번호 인식이 마음에 들지 않는다면 훈련 단계로 되돌아가 훈련 데이터를 더 많이 추가할 수 있다. 일반적으로 더 많은 훈련 데이터로 학습하면 머신러닝 모델의 성능이 더 좋아진다. 새로운 데이터로 머신러닝 모델을 업데이트하기 위해서는 **새로운 머신러닝 모델을 훈련시켜보세요**를 다시 클릭해야 한다.

프로젝트 준비하기

이제 여러분의 머신러닝 모델 평가를 위해 OCR 시스템으로 편지 봉투를 분류하는 가상의 편지 분류 사무실을 스크래치에 만든다.

1. 화면에서 왼쪽 위의 **프로젝트로 돌아가기**를 클릭한다.

2. 그림 6-10에서 **만들기**를 클릭한다.

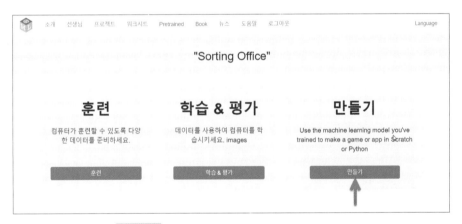

그림 6-10 만들기는 머신러닝 프로젝트의 세 번째 단계다.

3. **스크래치 3**을 클릭한 다음, **스크래치 3 열기**를 클릭해 새 스크래치 창을 연다. 그림 6-11과 같이 도구 모음^{Toolbox}에서 Sorting Office^{분류 사무실} 프로젝트에 블록이 들어 있는 것을 볼 수 있다.

그림 6-11 여러분의 머신러닝 모델 블록이 있는 스크래치 3

4. 그림 6-12와 같이 스크래치 창의 상단 메뉴에서 **프로젝트 템플릿**을 클릭한다.

프로젝트 템플릿을 이용하면 샘플 프로젝트^{sample proejct}와 시작 코드^{starter code}를 사용할 수 있어 시간을 절약할 수 있다.

그림 6-12 상단 메뉴에서 **프로젝트 템플릿**을 클릭한다.

5. 그림 6-13과 같이 Sorting Office^{분류 사무실} 템플릿을 클릭한다.

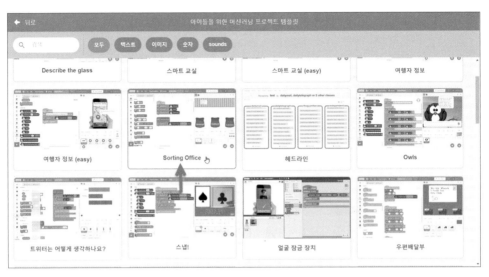

그림 6-13 　Sorting Office(분류 사무실) 템플릿

6. 그림 6-14와 같이 무대 배경을 클릭한다.

그림 6-14 　Sorting Office 프로젝트에서 무대 배경을 클릭한다.

7. 그림 6-15와 같이 **배경** 탭을 클릭한다.

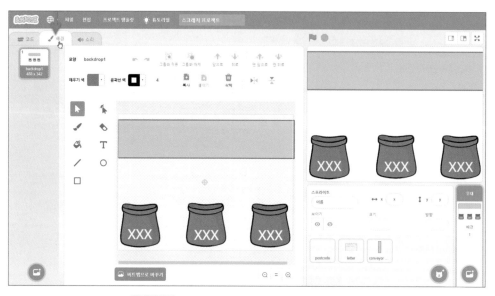

그림 6-15 선택한 도시에 맞게 자루의 레이블을 편집한다.

8. 텍스트 도구를 사용해 우편물 자루의 레이블을 편집한다. 선택한 도시
   의 이름에 맞게 세 자루의 레이블을 모두 바꾼다. 도시의 전체 이름이
   길다면 우편번호만 적어도 된다. 텍스트 상자의 크기를 조절하면 상자
   의 크기에 맞게 글자의 크기가 자동으로 조절된다.

9. 그림 6–16과 같이 **postcode**(우편번호) 스프라이트를 클릭한 다음, **모양** 탭을 클릭한다.

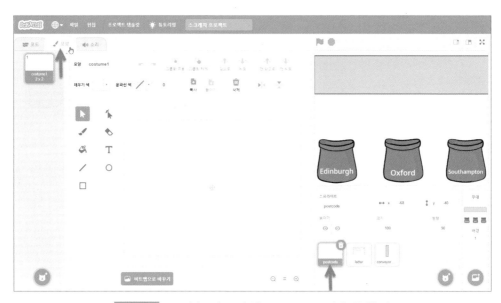

그림 6-16 스프라이트 리스트에 있는 postcode 스프라이트를 찾는다.

10. 붓 도구를 사용해 캔버스에 도시를 나타내는 글자를 쓴다.

선 스타일line style을 앞에서 훈련 데이터를 만들 때 사용한 선 설정값에 맞추면 최상의 결과를 얻을 수 있으므로 그림 6–17과 같이 선의 색을 검정색으로 하고, 선의 굵기width를 약 20 정도로 설정한다.

그림 6-17 그리기 도구를 훈련 데이터에 맞게 설정한다.

11. 설정이 끝나면 그림 6-18과 같이 왼쪽 아래의 **페인트**[Paint] 버튼을 클릭한 다음, 새로운 모양[costume]을 추가한다.

그림 6-18 **그리기** 버튼을 클릭한 다음 postcode 스프라이트에 새로운 모양을 추가한다.

NOTE 새로운 스프라이트가 아닌 새로운 모양을 만들기 위한 **페인트**(Paint) 버튼을 클릭해야 한다.

12. postcode 스프라이트에 몇 개의 모양^{costume}이 추가될 때까지 10단계~11단계를 반복한다. 그리는 동안 실수를 하더라도 걱정할 필요가 없다. 실수했다면 모양 이름^{costume name} 옆에 있는 파란색 되돌리기^{undo} 화살표를 클릭하면 된다.

그림 6-19 postcode 스프라이트에서 평가를 위한 모양을 몇 개 그린다.

13. **코드** 탭을 클릭하고 그림 6-20과 같이 클릭했을 때 스크립트를 찾는다.

이 스크립트를 찾기 위해 스크롤해야 할 수도 있다. 스크립트는 코드^{Code} 영역의 왼쪽 위에 있다.

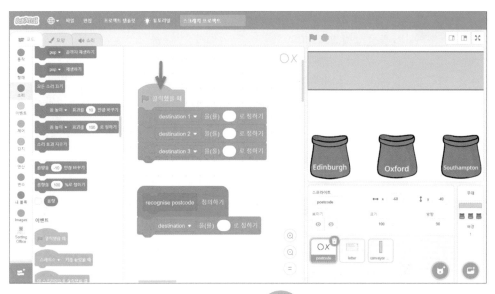

그림 6-20 ┃ postcode 스프라이트에서 스크립트를 찾는다.

NOTE ┃ postcode 스프라이트에서 작업해야 한다. 다른 스프라이트를 클릭했
다면 지금 postcode 스프라이트를 다시 클릭한다.

14. 그림 6-21과 같이 도시의 이름 블록을 스크립트로 드래
그한다.

코드 영역에서 스크립트가 여러 개 있으므로 그림 6-21의
스크립트와 비슷한 스크립트를 찾을 때까지 스크롤해야 한다.

배경의 우편물 자루에 적힌 이름의 순서에 맞추는 것이 중요하다.
왼쪽 자루는 destination1(Edinburgh)이고, 중간 자루는 destination2
(Oxford)이며, 오른쪽 자루는 destination3(Southampton)이다.

그림 6-21 프로젝트의 도시 이름을 식별한다.

15. 코드 영역에서 [recognise postcode 정의하기] 스크립트를 찾는다. 이 스크립트는 postcode 스프라이트에서 위 13 단계에서 작성한 [클릭했을 때] 스크립트 아래에 있다.

16. 그림 6-22와 같이 [image 이미지 인식하기(레이블)] 블록을 [recognise postcode 정의하기] 스크립트로 드래그한 다음, [costume image] 블록을 [image 이미지 인식하기(레이블)] 블록으로 드래그한다.

그림 6-22 봉투의 우편번호를 인식하는 스크립트

프로젝트 평가하기

이제 편지를 분류해보자!

머신러닝 모델이 작업하는 모습을 보기 위해 녹색 깃발 아이콘을 클릭한다.

그림 6-23과 같이 화면 위에 컨베이어 벨트가 작동하고 여러분이 쓴 우편번호가 있는 편지가 지나간다.

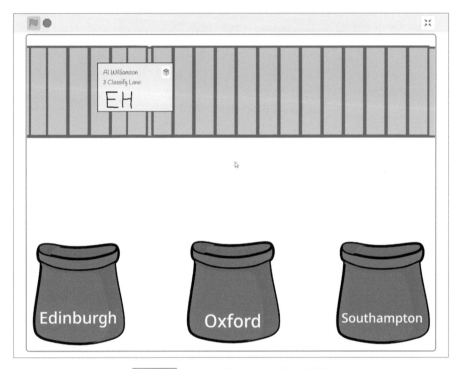

그림 6-23 컨베이어 벨트 위의 평가용 편지 봉투

머신러닝 모델은 여러분이 쓴 글자를 인식하기 위해 편지 봉투를 확대한다.

머신러닝 모델이 그림을 분류하면 스크립트는 그림 6-24와 같이 편지 봉투를 해당 우편물 자루로 집어넣는다.

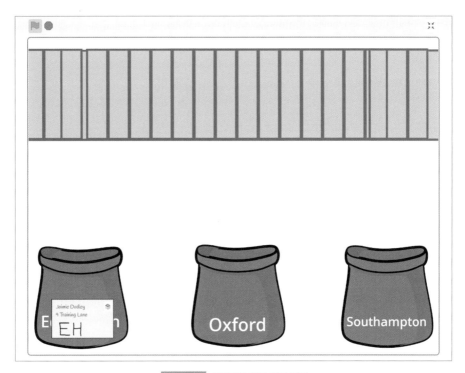

그림 6-24 우편번호 인식 평가 결과

그림 6-24 우편번호 인식 평가 결과

⟳ 프로젝트 검토 및 개선

이 프로젝트에서는 봉투에 쓰인 필체를 인식하도록 머신러닝 모델을 훈련시켰고, 자동으로 편지를 분류하도록 OCR을 사용하는 스크래치 프로젝트를 만들었다.

프로젝트를 어떻게 개선할 수 있을까?

다른 사람이 프로젝트를 평가하도록 해본다. 다른 사람의 필체를 인식할 수 있을까? 머신러닝 모델이 다른 사람의 필체를 제대로 인식하지 못한다면 훈련 단계의 훈련 데이터 버킷에 다른 사람의 필체를 추가한다(학습 & 평가 단계에서 추가한 데이터까지 모두 학습하도록 새로운 머신러닝 모델을 훈련시켜야 한다).

다양한 데이터를 사용해 컴퓨터를 훈련시킬수록 머신러닝 모델이 다양한 필체 스타일을 더 잘 인식할 수 있다.

프로젝트를 개선하기 위해 더 해야 할 것들이 있을까?

⟳ 6장에서 배운 내용

우편물 분류는 광학 문자 인식OCR, Optical Character Recognition을 사용하는 가장 일반적인 사용 사례다. 전 세계의 대형 분류 사무소는 OCR 시스템을 사용해 단 몇 초 만에 편지를 분류한다. 여러분의 프로젝트는 방금 우편번호를 인식했지만 실제로 다중 광학 문자 판독기는 여러 줄의 주소를 인식할 수 있다. 기본 아이디어는 매우 비슷하지만 대규모 우편물을 효율적이고 실용적으로 분류하는 데 도움이 된다.

지금까지의 모든 프로젝트는 이미지를 사용했지만 다양한 유형의 데이터를 인식하도록 컴퓨터를 훈련시킬 수 있다. 7장에서는 텍스트를 인식하도록 머신러닝 모델을 훈련시킨다.

7

컴퓨터 칭찬하기

7장에서는 텍스트로 쓰인 다양한 어조^{tone}와 감정을 인식하도록 컴퓨터를 훈련하는 방법을 알아본다. 이런 기술을 감정 분석 sentimental analysis 이라 한다.

내일 동물원에 간다고 말하기 위해 몇 개의 문장을 써야 한다고 생각 해보자.

동물원 갈 생각에 매우 행복하고 신이 났다면 무엇을 쓸지 생각해보라. 동물원을 좋아한다면 빨리 가고 싶을 것이다. 어떤 단어를 사용할까? 여러분의 기분이 문장을 만드는 방식에 영향을 미칠까?

이번에는 동물원에 가게 돼서 화가 났다면 어떤 단어를 사용할지 생각해보라. 동물원을 싫어하거나, 내일 하고 싶은 다른 일이 있는데 동물원에 가도록 한 누군가에게 짜증이 났다. 이런 기분을 문장에 어떻게 표현할까? 동물원 가는 것이 행복할 때와 짜증이 날 때 사용하는 단어가 다를까? 문장을 다르게 표현할까?

이 두 단락 모두 (내일 동물원에 간다는) 같은 기본적인 의미를 갖지만, 두 문장의 어조와 감정은 다르다. 우리가 행복할 때 쓰는 방식과 짜증이 날 때 쓰는 방식의 패턴을 인식하도록 컴퓨터를 훈련시킬 수 있다. 다양한 감정과 정서가 드러나는 많은 텍스트로 머신러닝 모델을 훈련시키면 컴퓨터가 학습한 어휘와 문법 패턴을 기반으로 새로운 글의 감정이나 어조를 식별할 수 있다.

텍스트의 감정과 정서를 인식하도록 훈련시킨 머신러닝 시스템을 사용하면 사람들이 사물을 어떻게 느끼는지 알 수 있다. 예를 들어, 기업은 감정 분석을 사용해 수백만 개의 블로그나 포럼, 뉴스그룹, 소셜미디어 게시물을 통해 자사의 제품이나 서비스에 대한 사람들의 생각을 알 수 있다. 감정 분석을 통해 기업은 얼마나 많은 고객 피드백이 긍정적인지 부정적인지 여부와 가장 흔한 불만과 비판이 무엇인지 알 수 있다.

인터넷 전체에 걸쳐 많은 양의 텍스트에만 감정 분석을 적용할 수 있는 것만이 아니다. 기업은 고객 지원 편지와 이메일을 분류하고 우선순위를 정하는 데도 사용하며, 가장 많이 화를 내거나 짜증을 내는 고객의 편지나 이메일에 먼저 답장을 하는 데도 사용한다.

마찬가지로 기업은 내부 토론에 감정 분석을 사용해 직원이 얼마나 행복한지, 그리고 주의를 기울여야 할 문제나 우려가 있는지를 추정한다.

7장에서는 칭찬과 흉, 두 유형으로 표현된 텍스트를 인식하도록 머신러닝 모델을 훈련시킨다.

⇨ 프로젝트 만들기

이 프로젝트에는 그림 7-1과 같이 입력한 메시지에 반응하는 캐릭터를 만든다. 캐릭터를 칭찬하면 캐릭터가 행복한 표정을 짓는다. 반대로 캐릭터를 흉보면 캐릭터는 슬픈 표정을 보인다.

이 프로젝트에서는 입력한 메시지에 반응하는 그림을 만들어본다(그림 7-1 참조). 캐릭터를 칭찬하면 행복해하며, 흉을 보면 슬퍼할 것이다.

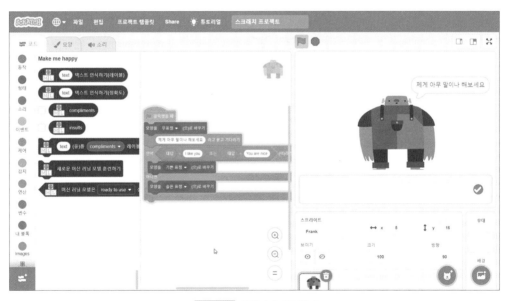

그림 7-1 칭찬과 흉 인식하기

게임 준비하기

먼저 캐릭터를 디자인해본다. 여기서는 간단한 얼굴을 그렸다. 행복과 슬픔을 알 수 있다면 어떤 것을 그리든 상관없다. 동물이나 로봇, 외계인, 또는 여러분이 생각할 수 있는 어떤 것이든 만들 수 있다.

1. 새로운 스크래치 프로젝트를 시작하기 위해 https://machinelearning forkids.co.uk/scratch3/로 이동한다.

2. 그림 7-2와 같이 **모양** 탭을 클릭한다.

그림 7-2 **모양**(Costume) 탭에서 캐릭터를 디자인한다.

3. 그림 7-3과 같이 마우스 포인터를 화면의 왼쪽 아래에서 고양이 얼굴 위로 이동한다. 모양을 추가하기 위해 모양 고르기를 선택한다.

그림 7-3 새로운 모양 추가하기

캐릭터를 직접 그리려면 **그리기**(Paint)를 클릭한다. 여기서는 그림 7-4와 같이 모양 고르기에서 Frank — a 모양을 가져왔다.

캐릭터를 직접 그리기 싫다면 몇 가지 다른 옵션이 있다. 컴퓨터에 웹 캠이 있으며 여러분의 얼굴 사진을 사용하려면 Camera(카메라)를 클릭한다. 인터넷에서 다운로드해 컴퓨터에 저장한 사진을 사용하려면 모양 업로드하기를 클릭한다. 스크래치 모양 라이브러리에서 모양을 선택하려면 모양 고르기를 선택한다.

어떤 선택을 하든 이 단계가 끝나면 캔버스에 캐릭터가 표시된다.

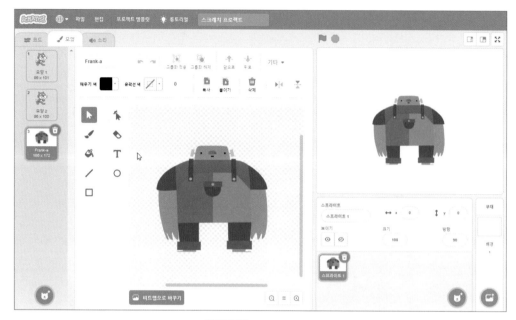

그림 7-4 캐릭터 가져오기

4. 그림 7-5와 같이 Frank-d와 Frank-c 모양 2개를 가져온다.

기쁜 표정의 캐릭터는 기뻐하는 모습을 보여야 한다. 캐릭터가 얼굴이
라면 웃는 얼굴로 만들면 된다. 동물이라면 꼬리나 귀의 위치를 바꿀
수 있다. 혹은 어떤 기분인지 알려줄 수 있는 표지판을 들고 있는 캐릭
터를 그려도 된다.

슬픈 표정의 캐릭터는 슬픈 모습을 보여야 한다. 캐릭터가 얼굴이라면
찡그린 표정이나 눈물을 그리면 된다.

무표정은 여러분이 말할 때까지 기다리는 동안 사용되는 캐릭터이므
로 기쁘지도 않고 슬프지도 않은 표정이어야 한다.

NOTE 캐릭터는 스프라이트가 아닌 모양에서 진행해야 한다. 세 개의 다른 스프라이트가 아니라 세 개의 다른 모양을 나타내는 한 개의 스프라이트가 필요하다.

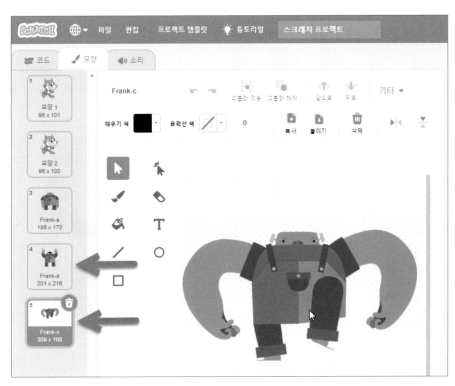

그림 7-5 캐릭터 모양 가져오기

5. 그림 7-6처럼 모양 창의 캐릭터를 클릭한 다음 캔버스 위의 모양
Costume 텍스트 상자에 새로운 이름을 입력해 이름을 바꾼다. 각각의 캐릭터 이름은 무표정과 행복한 표정, 슬픈 표정이다.

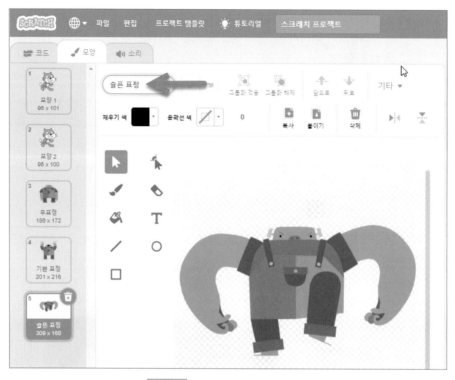

캐릭터 모양의 이름을 바꾼다.

6. **파일**^{File} › **컴퓨터에 저장하기**^{Save to your computer}를 클릭해 프로젝트를 저장
한다.

머신러닝 없이 게임 코드 작성하기

먼저 머신러닝 모델을 사용하지 않는 인공지능 프로젝트의 코드를 작성해 머
신러닝 모델이 어떤 차이를 만들어내는지 알아보도록 하자. 그러나 머신러닝
모델을 바로 사용하겠다면 이 단계를 건너뛰어도 상관없다.

1. 그림 7-7과 같이 **코드**^{Code} 탭을 클릭한다.

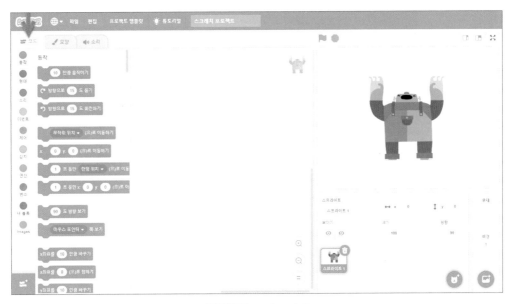

그림 7-7   **코드**(Code) 탭

2. 그림 7-8의 스크립트를 작성한다.

NOTE 스크래치에서 코딩하는 방법을 모른다면 이 책의 소개의 26쪽 '스크래치에서 코드 작성하기' 절을 참고한다.

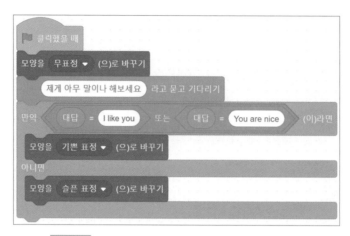

그림 7-8 머신러닝 모델을 사용하지 않는 프로젝트의 스크립트

3. **파일 > 컴퓨터에 저장하기**를 클릭한 다음, 프로젝트를 저장한다.

4. 녹색 깃발 아이콘을 클릭하고 프로젝트를 평가한다. 여러분의 캐릭터
   는 여러분이 무언가를 말을 하도록 요청할 것이다. I like you<sup>나는 너를 좋
   아해</sup>나 You are nice^{너는 멋져}를 입력하면 캐릭터는 행복한 표정을 지을 것
   이다. 위의 두 문장 외에 다른 말을 입력하면 캐릭터는 슬픈 표정을 지
   을 것이다.

   이제 You are lovely^{너는 매력적이야}를 입력한다. 캐릭터는 왜 행복한 표정이
   아닐까?

   I like you^{나는 너를 좋아해}와 You are nice^{너는 멋져}, You are lovely^{너는 매력적이야}를
   칭찬으로 인식하려면 위의 코드를 어떻게 바꿔야 할까?

   가능한 모든 칭찬과 흉을 포함하도록 스크립트를 작성할 수 있을까?

1장에서 필자는 머신러닝이 인공지능 시스템을 만들 수 있는 유일한 방법이
아니라고 했다. 여기서는 규칙 기반^{rule-based} 방식을 사용해 인공지능 시스템을
만들었다. 일부 매우 간단한 인공지능 프로젝트에는 지금처럼 규칙 기반 방식

이 사용되지만, 더 복잡한 프로젝트에서는 여전히 머신러닝 방식을 사용하는 이유를 알게 될 것이다. 다음에 머신러닝 방법으로 프로젝트를 훈련시켜 보고, 뒤에서 규칙 기반의 코드와 비교해 머신러닝 코드가 어떻게 동작하는지 알아보도록 한다.

모델 훈련시키기

칭찬과 흉을 인식하도록 컴퓨터를 훈련시키려면 칭찬과 흉에 관한 데이터를 수집해 머신러닝 모델 훈련에 사용해야 한다.

1. 새로운 머신러닝 프로젝트를 만들고 프로젝트의 이름을 Make me happy^{저를 기쁘게 해주세요}로 한 다음, 한국어로 텍스트 인식 방법을 학습하도록 설정한다.

> **NOTE** 머신러닝 프로젝트를 만드는 방법을 모른다면 2장의 41쪽 '새로운 머신러닝 프로젝트 만들기' 절을 참고한다.

2. 그림 7-9에서 **훈련**을 클릭한다.

그림 7-9 훈련은 머신러닝 프로젝트의 첫 번째 단계다.

3. 그림 7-10의 화면에서 **새로운 레이블 추가**를 클릭한다. 훈련 버킷의 이름을 compliments^{칭찬}로 한다. 두 번째 훈련 버킷을 만들고 이름을 insults^흉로 한다.

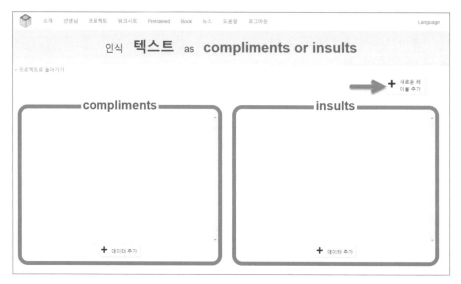

그림 7-10 **새로운 레이블 추가하기**를 클릭한 다음, 두 개의 훈련 버킷을 만든다.

4. 그림 7-11처럼 compliments 버킷의 **데이터 추가**를 클릭하고, 여러분이 생각할 수 있는 최고의 칭찬을 입력한다.

캐릭터를 행복하게 만들 칭찬의 문장이 최소 5개가 되도록 이 단계를 반복한다. 이 문장 데이터는 머신러닝 모델이 칭찬 표현을 학습하기 위해 사용할 것이므로 다양한 표현을 사용하도록 한다.

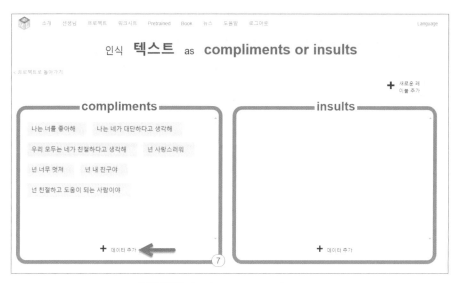

그림 7-11 칭찬을 인식하기 위한 훈련 데이터

5. 그림 7-12처럼 insults 버킷의 **데이터 추가**를 클릭하고, 여러분이 생각
할 수 있는 가장 나쁜 흉을 입력한다.

캐릭터를 기분 나쁘게 할 흉을 보는 문장이 최소 5개가 되도록 이 단
계를 반복한다. 다시 말하지만 이 문장 데이터는 머신러닝 모델이 비
난 표현을 학습하기 위해 사용할 것이므로 다양한 표현을 사용하도록
한다.

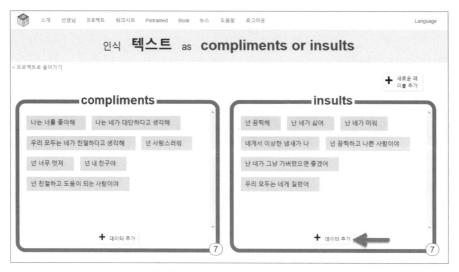

그림 7-12 흉을 인식하기 위한 훈련 데이터

그림 7-12 흉을 인식하기 위한 훈련 데이터

6. 화면에서 왼쪽 위의 **프로젝트로 돌아가기**를 클릭한다.

7. **학습 & 평가**를 클릭한다.

8. 그림 7-13에서 **새로운 머신러닝 모델을 훈련시켜보세요**를 클릭한다.

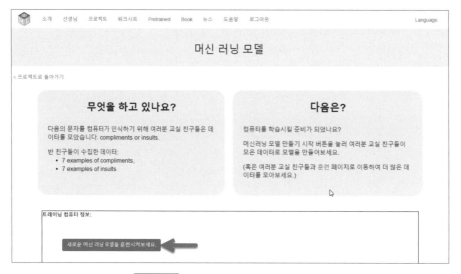

그림 7-13 새로운 머신러닝 모델을 훈련시킨다.

컴퓨터는 여러분이 방금 작성한 문장을 사용해 칭찬과 흉을 인식하는 방법을 학습한다. 컴퓨터는 학습 과정에서 문장의 패턴을 찾는다. 여러분이 선택한 단어와 문장을 표현한 방식 모두에서 패턴을 학습한다. 그런 다음, 이런 패턴을 사용해 다음 단계에서 우리가 입력할 메시지의 의미를 인식한다.

훈련은 1분 정도 걸리지만 지금까지 훈련한 이미지 분류기보다 훨씬 빠르다는 것을 알 수 있다. 텍스트 패턴을 인식하는 방법의 학습이 이미지 패턴을 인식하는 방법을 배우기보다 훨씬 쉽다.

9. 그림 7-14와 같이 테스트 상자에 칭찬이나 흉을 입력해 머신러닝 모델을 평가한다.

훈련 버킷에 포함되지 않은 문장으로 모델을 평가하는 것이 중요하다. 새로운 문장을 얼마나 잘 인식하는지 평가하는 것이지 이미 주어진 문장을 얼마나 잘 기억하는지를 평가하려는 것이 아니다.

모델의 성능이 나쁘다면 훈련Train 단계로 되돌아가 훈련 데이터를 더 많이 추가한 다음 학습 & 평가Learn & Test 단계에서 새로운 머신러닝 모델을 훈련시킨다.

컴퓨터의 성능이 좋아질 때까지 계속 모델을 훈련한다. 8장에서 머신러닝 모델을 더 잘 평가하는 방법을 배우겠지만 지금은 단순히 모델을 몇 번 실행해보는 것이 좋다.

그림 7-14 평가는 머신러닝 프로젝트에서 중요한 부분이다.

머신러닝으로 게임 코드 작성하기

이제 칭찬과 흉을 인식할 수 있는 머신러닝 모델을 만들었으니 앞에서 사용한 규칙 대신 머신러닝 모델을 사용하도록 앞의 프로젝트를 수정한다.

1. 화면에서 왼쪽 위의 **프로젝트로 돌아가기**를 클릭한다.

2. 그림 7-15에서 **만들기**를 클릭한다.

그림 7-15 머신러닝 모델에 만족한다면, 그 모델로 무언가를 만들 차례다!

3. **스크래치 3**을 클릭한 다음, **스크래치 3 열기**^{Open}를 클릭해 새 스크래치 창

을 연다.

그림 7-17과 같이 도구 모음에 여러분의 머신러닝 모델을 표시하는 새

로운 블록이 표시된다.

그림 7-16 프로젝트를 위한 새로운 블록이 있는 스크래치가 열린다.

4. 그림 7–18과 같이 **파일 ›** Load from your computer ^{저장한 파일 불러오기}를 클릭
   한 다음, 저장한 프로젝트를 불러온다.

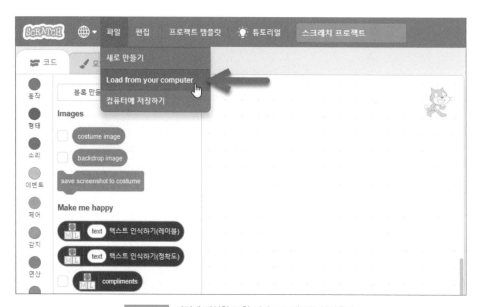

그림 7–18   이전에 작업한 규칙 기반 프로젝트를 불러온다.

5. 규칙 기반 스크립트를 만들었다면 그림 7–19의 스크립트로 업데이트
   한다. 이 프로젝트에서 규칙 기반 방식을 건너뛰었다면 그림 7–19의
   전체 스크립트를 작성한다.

NOTE   스크래치에서 코딩하는 방법을 모른다면 이 책 소개의 26쪽 '스크래치
   에서 코드 작성하기' 절을 참고한다.

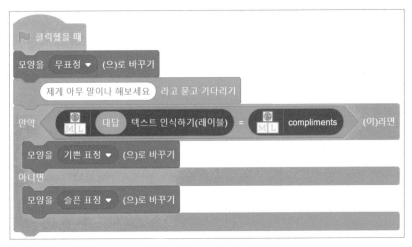

그림 7-19 머신러닝을 사용하는 프로젝트의 스크립트

이 스크립트에서 캐릭터는 여러분에게 무언가를 말하라고 요청한다. 스크립트는 머신러닝 모델을 사용해 여러분이 입력한 메시지가 칭찬인지 흉인지 인식한다. 스크립트는 머신러닝 모델이 인식한 내용을 토대로 여러분이 그린 모양 중의 하나를 보여주는데, 마치 여러분이 칭찬하는지 흉을 보는지에 따라 캐릭터가 반응하는 것처럼 보인다!

머신러닝이 없는 이전 프로젝트의 코드를 작성했다면 해당 코드와 지금 이 코드를 비교한다. 머신러닝을 사용하면 다양한 메시지에 반응하는 프로젝트를 얼마나 더 쉽게 만들 수 있는지 알 수 있을까?

게임 평가하기

이제 프로젝트를 평가할 준비가 됐다. 녹색 깃발을 클릭한 다음 간단한 메시지를 입력한다. 훈련에 사용하지 않은 메시지를 입력하더라도 캐릭터는 여러분의 메시지에 정확하게 반응할 것이다. 캐릭터가 제대로 반응하지 않으면 언제든지 훈련 단계로 되돌아가 훈련 데이터를 더 많이 추가한 다음 새로운 머신러닝 모델을 훈련시키면 된다.

칭찬과 흥을 인식하고 반응하도록 학습한 캐릭터를 성공적으로 만들었다!

⟳ 프로젝트 검토 및 개선

프로젝트를 개선할 수 있는 몇 가지 방법을 살펴보자.

타이핑 대신 음성으로 입력하기

칭찬과 흥을 타이핑해 입력하는 대신 직접 말함으로써 입력할 수 있도록 프로젝트를 바꿔보면 어떨까?

음성 입력을 사용하려면 컴퓨터에 마이크가 있어야 하며, 스크래치 확장 기능 Extension Library의 음성 인식 Speech to Text 기능을 추가해야 한다. 확장 기능을 사용하려면 그림 7-20에서 도구 모음 맨 아래에 있는 **확장 기능 추가하기**(+기호가 있는 두 개의 블록 모양)를 클릭한다. 이 기능에는 프로젝트에서 사용할 수 있는 블록이 포함돼 있다.

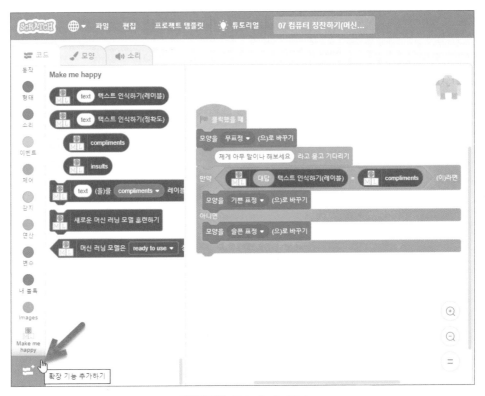

그림 7-20   확장 기능 추가하기

그림 7-21처럼 음성 인식 기능을 클릭해 도구 모음에 추가한다.

그림 7-21 음성 인식 확장 기능

그림 7-22의 스크립트를 작성한다.

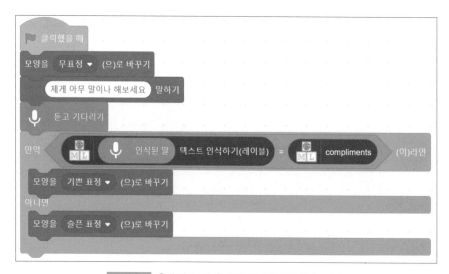

그림 7-22 음성 인식 기능을 사용하는 프로젝트의 스크립트

NOTE 스크래치의 텍스트 음성 변환 기능은 이 코드를 작성할 당시에는 구글 크롬 웹 브라우저에서만 사용할 수 있었다.

음성 인식Speech recognition은 머신러닝의 또 다른 응용이다. 음성 인식을 사용하도록 프로젝트를 개선하기 위해서는 여러분이 음성 머신러닝 모델을 훈련시킬 필요가 없이 다른 사람이 훈련한 모델을 사용하면 된다. 그러나 음성 인식 블록을 만드는 기본적인 방법은 여러분이 칭찬하는 문장과 흉을 보는 문장 데이터를 만들어 훈련시키는 방법과 매우 비슷하다.

이 프로젝트를 개선하기 위해 더 할 수 있는 일이 있을까?

칭찬과 흉이 아닌 음성 인식하기

캐릭터에게 몇 시야?라고 말해본다. 이 질문이 칭찬이라고 생각해 행복한 표정을 짓거나 흉을 보는 것이라고 여겨 슬픈 표정을 지을 수도 있다.

이 두 가지 반응은 확실히 옳은 것이 아니다. 칭찬이나 흉이 아닌 메시지를 받았을 때 반응하지 않도록 코드를 업데이트할 수 있다.

학습 & 평가 단계에서 머신러닝 모델을 평가했을 때, 컴퓨터가 메시지를 인식했다는 신뢰도confidence를 보여주는 신뢰도 점수confidence score를 봤을 것이다.

이제 다시 그림 7-23과 같이 몇 시야?라고 입력한다.

이 메시지의 신뢰도 점수가 매우 낮다는 것을 눈여겨봐야 한다. 이는 머신러닝 모델이 텍스트를 인식할 수 없다는 것을 보여주는 방식이다. 즉, 여러분이 제공한 모든 훈련 데이터에서 이 메시지와 같은 것을 본 적이 없어서 칭찬인지 흉인지 인식할 수 없다는 것이다.

< 프로젝트로 돌아가기

무엇을 하고 있나요?

여러분 교실 학생들의 머신러닝 모델이 완성되었으며, 다음을 인식할 수 있습니다: compliments or insults.

여러분이 인공지능 모델을 만든 시각: Saturday, August 21, 2021 10:19 PM

여러분 교실 친구들은 아래와 같이 데이터를 수집하였습니다:

- 7 examples of compliments,
- 7 examples of insults

다음은?

아래의 머신러닝 모델을 테스트 해보세요. 훈련에 사용한 예문에 포함시키지 않은 텍스트 예제를 입력하십시오. 이것이 어떻게 인식되는지, 어느 정도 정확한지 알려줍니다.

컴퓨터가 사물을 올바르게 인식하는 법을 배웠다면, 스크래치를 사용해서 컴퓨터가 배운 것을 게임에 사용해봅시다!

컴퓨터가 많은 실수를 한다면 훈련페이지로 가서 더 많은 예제 데이터를 모아봅시다.

일단 완료하면 아래의 버튼을 클릭하여 새로운 머신러닝 모델을 학습하고, 추가한 예제 데이터가 어떤 차이를 만드는지 확인해봅시다.

여러분의 모델이 잘 학습되었는지 확인하기 위해 문자를 넣어보세요

몇 시야?

테스트   Describe your model! beta

compliments (으)로 인식되었습니다
with 17% confidence

그림 7-23 몇 시야? 메시지 인식에 대한 신뢰도 테스트

위 머신러닝 모델에서 '몇 시야?'라는 메시지의 분류 신뢰도 점수는 17점이었다. 여러분의 머신러닝 모델의 점수는 훈련 방법에 따라 조금 더 높을 수 있다. 예를 들어, '너 대체 왜 그러는 거니?'와 같은 질문을 흉 버킷에 많이 넣으면, '몇 시야?' 메시지가 질문이기 때문에 흉 신뢰도 점수가 약 20%(또는 20점) 정도 나올 수 있다. 이 신뢰도 점수는 메시지가 흉이 아닐 확률이 80%라는 것을 의미하므로 여전히 유용한 정보가 된다. 이 메시지는 모델이 흉을 인식하기 위해 학습한 패턴과 유사하지만, 해당 메시지를 자신 있게 흉으로 식별할 수 없다는 것을 의미한다.

칭찬이나 흉이 아닌 다른 문장으로 모델을 평가해 점수를 확인해본다. 이 점수를 칭찬이나 흉 문장의 평가 점수와 비교해본다. 실제 칭찬이나 흉을 정확하게 인식했을 때 머신러닝 모델의 신뢰도 점수는 얼마인가?

그림 7-24와 같이 스크래치 프로젝트에서 신뢰도[1] 점수를 사용할 수 있다.

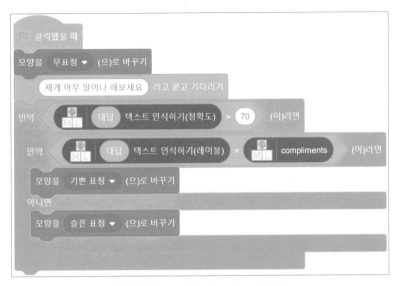

그림 7-24 코드에서 신뢰도 점수 사용하기

이 스크립트는 머신러닝 모델이 메시지에 대한 신뢰도 점수가 70%를 넘을 때만 캐릭터가 반응하며, 30% 이하일 때에는 메시지를 무시한다.

프로젝트를 개선하기 위해 더 할 수 있는 일이 있을까?

실수를 통해 학습하기

머신러닝 시스템을 사용할 때 컴퓨터가 실수했는지 알 수 있다. 머신러닝 프로젝트를 개선하는 또 다른 방법은 이런 실수를 통해 학습하게 하는 것이다.

---

1 한국어 스크래치에서는 confidence를 정확도로 번역하고 있지만, 학술적으로는 confidence를 신뢰도로, accuracy를 정확도로 번역하므로 신뢰도로 번역했다. – 옮긴이

머신러닝 모델이 메시지를 제대로 인식하지 못했다면 사용자가 프로젝트에 알려줄 방법을 생각해보자. "제가 제대로 이해했나요?"라는 질문에 대해 '예'나 '아니요'로 답하기 위한 클릭 버튼이나 입력을 위한 텍스트 상자가 방법이 될 수 있다.

그림 7-25의 스크립트는 머신러닝 모델이 맞았는지를 묻는다. '아니요'라고 입력하면 컴퓨터가 제대로 인식하지 못한 텍스트를 훈련 데이터 버킷에 추가한다. 새로운 훈련 데이터가 5개가 되면 새로운 머신러닝 모델을 훈련시킨다.

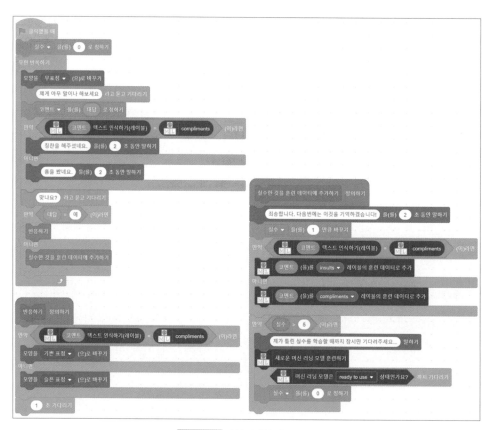

그림 7-25 실수를 학습하는 코드

위 스크립트에서 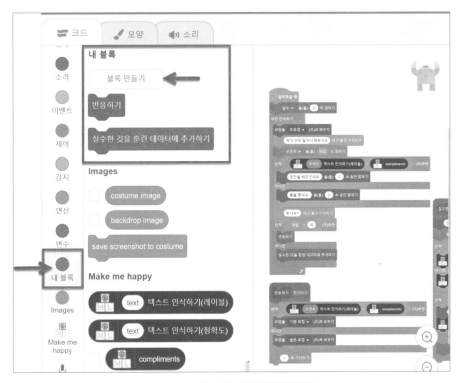와 블록은 그림 7-24에서 도구 모음의 내 블록에서 블록 만들기를 클릭해 와 블록을 만들면 자동으로 만들어진다.

그림 7-25 내 블록에서 와 블록 만들기

실수한 경험을 학습하도록 훈련하면 오래 사용할수록 모델이 더 똑똑해진다. 여러분의 메시지를 제대로 이해하지 못한 경우 캐릭터에게 어떻게 알릴지 생각해보고 여러분의 대답을 통해 모델이 학습하도록 위와 같은 코드를 사용한다.

⟳ 7장에서 배운 내용

7장에서는 텍스트에서 어조와 감정을 인식하도록 머신러닝을 사용하는 감정 분석_{sentiment analysis}을 알아봤다. 기업과 조직이 인터넷에서 고객의 피드백에서 중요한 통찰력을 얻어 고객 서비스 대응의 우선순위를 정하고, 직원의 만족도를 측정하기 위해 감정 분석 기술을 사용함을 알게 됐다.

복잡한 프로젝트에 단순한 규칙 기반 방법보다 인공지능 시스템을 구축하는 것이 더 좋은 접근법임을 알아봤다. 또한 신뢰도 점수를 통해 머신러닝 모델의 예측 정확도가 어느 정도인지 알 수 있으며, 모델의 예측 실수를 통해 학습하도록 머신러닝 모델을 개선하는 방법도 배웠다.

8장에서는 감정 분석과 비슷한 접근법을 사용해 다른 유형의 글을 인식하도록 모델을 훈련시킨다.

8

신문 기사 인식하기

7장에서는 다양한 문장의 특성을 인식하도록 컴퓨터를 훈련시키는 방법을 배웠다. 이 프로젝트에서는 칭찬과 비난을 인식하도록 머신러닝 모델을 훈련시켰다.

컴퓨터에게 또 다른 많은 문체를 인식하도록 학습시킬 수 있다.

예를 들어, 같은 방식으로 정중한 문장과 격식이 없는 문장의 차이를 인식하도록 머신러닝 모델을 훈련시킬 수 있다. 즉 사람들이 선택한 단어와 그들이 사용하는 문구의 패턴을 인식하도록 훈련시킨다.

다양한 신문과 뉴스 웹사이트는 같은 이야기를 설명하기 위해 단어와 문구를 다양한 방식으로 사용한다. 8장에서는 그림 8-1과 같이 신문 머리기사의 유형을 식별하도록 머신러닝 모델을 만들어 미디어가 언어를 사용하는 방식을 인식하도록 컴퓨터를 훈련시킨다.

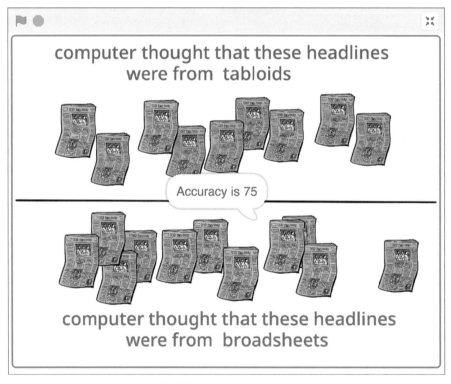

그림 8-1 신문 머리기사 인식하기

⊃ 프로젝트 만들기

이 프로젝트의 목적은 컴퓨터가 신문에 사용되는 언어를 인식하도록 학습할 수 있는지를 알아보는 것이다. 9장에서 필자는 보통 크기의 신문^{broadsheets} 머리기사를 가십^{gossip}[1] 거리와 많은 사진을 다루는 타블로이드^{tabloids}판 신문[2] 머리기사를 인식하도록 머신러닝 모델을 훈련시켰다.

같은 주제를 선택하거나 여러분만의 프로젝트를 설계해도 된다. 프로젝트를 설계한다면 컴퓨터가 인식하도록 훈련시킬 하나의 특성을 선택하도록 한다. 이를 위한 다양한 주제가 있다. 예를 들어 다음가 같은 내용을 토대로 프로젝트로 만들 수 있다.

영국^{UK, United Kingdom} **신문과 미국**^{US, United States} **신문**   미국 신문은 영국 신문과 다른 언어를 사용할까?

여름 머리기사와 겨울 머리기사   1면 머리기사는 계절에 따라 다르게 작성될까?

전국신문과 지역신문   전국신문 머리기사는 지역신문 머리기사와 다르게 작성될까?

주말 머리기사와 주중 머리기사   근무하거나 등교하는 주중의 신문은 주말과 다른 언어를 사용할까?

서로 다른 신문의 기사   특정한 두 신문의 기사를 인식할 수 있도록 컴퓨터를 훈련할 수 있을까?

1950년대 머리기사와 현재의 머리기사   옛날 신문의 머리기사는 오늘날의 머리기사와 다르게 작성됐을까?

---

1   신문, 잡지 등에서 개인의 사생활에 대해 소문이나 험담 따위를 흥미 본위로 다룬 기사 (출처: 표준국어대사전)
2   일반 신문의 절반 크기 규격의 신문

머신러닝 모델을 훈련시키기 위한 신문 기사와 머리기사를 얻을 수 있는 웹사이트가 많지만, 이 책에서는 아래와 같은 사이트를 추천한다.

https://www.thepaperboy.com/

https://www.ukpressonline.co.uk/

https://www.time.com/vault/

어떤 비교가 재미있을지 생각해보고 많은 훈련 데이터를 쉽게 찾을 수 있는지 알아본다.

머신러닝 모델을 훈련시키려면 두 그룹의 데이터가 필요하다.

- ▶ 모델이 인식할 수 있는 유형의 신문 기사/머리기사
- ▶ 특성이 없는 신문 기사/머리기사

두 번째 그룹에서 하나의 특성만 변경해본다. 예를 들어 1970년대의 영국 타블로이드판 신문의 머리기사의 범주category는 국가(UK)와 신문의 유형(tabloids), 그리고 시기(1970s)로 두 번째 그룹의 한 가지 특성만 변경한다. 예를 들어 1970년대 영국 타블로이드 신문의 카테고리 머리기사에는 국가(영국), 신문 유형(타블로이드), 기간(1970년대)의 세 가지 변수가 있다. 두 번째 그룹에는 어떤 변수를 사용해야 할까?

1970년대의 미국 타블로이드판 머리기사 데이터를 수집하면 컴퓨터는 1970년대의 영국과 미국의 타블로이드판 머리기사의 차이를 인식하도록 학습할 수 있다. 현재의 영국 타블로이드판 머리기사 데이터를 수집하면 컴퓨터는 1970년대와 현재의 영국 타블로이드판 신문 머리기사의 차이를 인식하도록 학습할 수 있다.

그러나 미국의 현재 일반 신문의 머리기사를 사용하면 안 된다. 세 개의 변수가 모두 달라져 모델이 일관된 패턴을 인식하는 것이 어려워질 수 있다.

> **NOTE** 컴퓨터가 두 그룹의 데이터에서 같은 것을 제외한 모든 것을 인식하고 유지할 수 있도록 한 가지 특성을 선택한다.

또 다른 예로 Daily Times의 기사 작성 방식을 인식하도록 컴퓨터를 훈련시키려면 두 번째 그룹에 같은 날의 다른 기사를 모은다. 같은 주제의 기사를 선택하면 더 좋다. 그러면 머신러닝 모델은 기사 주제를 인식하도록 학습하는 것이 아닌 Daily Times가 같은 주제를 설명하는 방식의 패턴을 인식하도록 학습한다.

여기서는 타블로이드판 신문의 머리기사를 인식하도록 머신러닝 모델을 훈련하고자 타블로이드판 머리기사와 일반 신문 머리기사를 비교했으며, 유지한 사항은 다음과 같다.

▷ 2015년 3월부터 2015년 4월까지 같은 기간의 신문을 사용했다.
▷ 각 신문의 1면에서 가장 큰 글자로 된 머리기사를 사용했다.
▷ 신문의 유형이 같도록 전국지의 주중 신문을 대상으로 했다.
▷ 같은 나라(영국)의 신문을 대상으로 했다.

모델 훈련시키기

1. 새로운 머신러닝 프로젝트를 만들고 프로젝트의 이름을 Newspapers신문로 한 다음, 영어English 텍스트 인식 방법을 학습하도록 설정한다.

> **NOTE** 머신러닝 프로젝트를 만드는 방법을 모른다면 2장의 41쪽 '새로운 머신러닝 프로젝트 만들기' 절을 참고한다.

2. 그림 8-2처럼 훈련을 클릭한다.

그림 8-2 그림 8-2 훈련은 머신러닝 프로젝트의 첫 번째 단계다.

3. 그림 8-3의 화면에서 **새로운 레이블 추가**를 클릭한 다음, 프로젝트에서 비교할 두 그룹의 버킷을 만든다.

여기서는 tabloid와 broadsheet라는 이름을 사용한다.

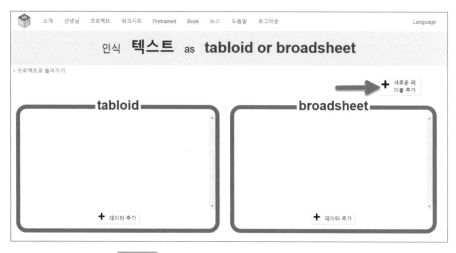

그림 8-3 비교할 두 그룹의 훈련 데이터 버킷을 만든다.

4. 첫 번째 그룹의 데이터를 찾아서 복사한다. 이 작업은 프로젝트의 내용에 따라 달라질 수 있다. 머리기사에 대한 프로젝트를 진행한다면 데이터는 신문 머리기사가 될 것이다. 다른 신문으로 같은 주제를 설명하는 방식을 비교하려면 기사의 첫 번째 단락을 사용한다.

   여기서는 영국 전국신문의 1면이 있는 웹사이트의 머리기사를 복사했다.

5. 그림 4-4와 같이 각 훈련 데이터 버킷에서 **추가** ^{Add example}를 클릭한 다음, 찾은 데이터를 붙여넣는다.

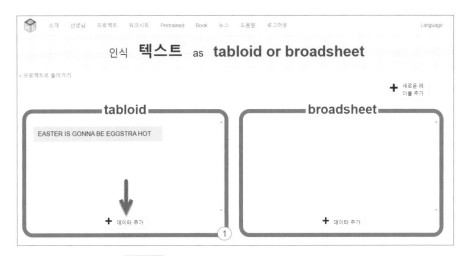

그림 8-4 Newspapers 프로젝트의 첫 번째 훈련 데이터

6. 그림 8-5와 같이 각각의 훈련 데이터 버킷에 머리기사가 20개 이상이 되도록 4단계부터 5단계까지 반복한다.

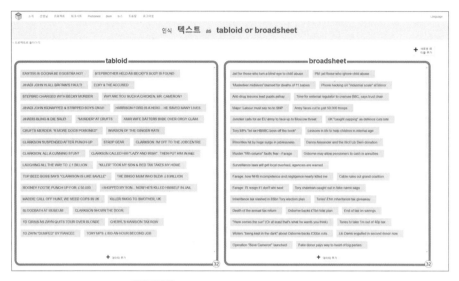

그림 8-5 Newspapers 프로젝트의 훈련 데이터

7. 화면의 왼쪽 위에 있는 **프로젝트로 돌아가기**를 클릭한다.

8. 그림 8-6에서 **학습 & 평가**를 클릭한다.

그림 8-6 학습 & 평가는 머신러닝 프로젝트의 두 번째 단계다.

9. 그림 8-7에서 **새로운 머신러닝 모델을 훈련시켜보세요**를 클릭한다.

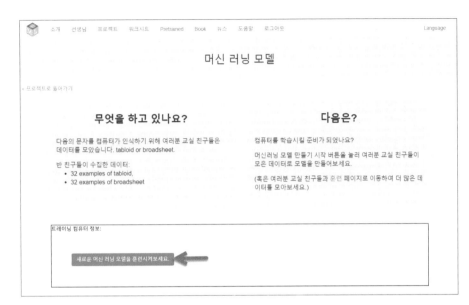

그림 8-7 **새로운 머신러닝 모델을 훈련시켜보세요**를 클릭해 훈련을 시작한다.

훈련은 몇 분 정도 걸릴 수 있으며, 기다리는 동안 다음과 같은 질문을 생각해본다.

▷ 두 그룹의 데이터를 훈련 데이터 버킷에 복사하는 동안 어떤 패턴을 발견했는가?

▷ 두 그룹 중 어느 한 그룹에서 더 많이 다뤄진 주제가 있는가?

▷ 두 그룹 중 어느 한 그룹에서 더 많이 사용한 단어나 용어, 또는 문구가 있는가?

▷ 문장의 구성 방식에 어떤 차이가 있는가? 두 그룹 중 어느 한 그룹에서 더 긴 문장을 사용하는가? 어느 그룹이 대문자를 더 많이 사용하는가?

▷ 사용한 단어의 유형에 어떤 패턴이 있는가? 예를 들어, 두 그룹 중 어느 그룹이 감성적인 단어를 더 많이 사용하는가?

여러분이 제공한 훈련 데이터에서 머신러닝 모델이 어떤 종류의 패턴을 사용하고 있는지 생각해보라.

프로젝트 준비하기

지금까지 진행한 프로젝트에서 머신러닝 모델을 사용해 평가했다. 이번에는 머신러닝 프로젝트를 현실에서 공식적으로 평가하는 몇 가지 방법을 알아본다.

1. 화면에서 왼쪽 위의 **프로젝트로 돌아가기**를 클릭한다.

2. **만들기**를 클릭한다.

3. **스크래치 3**을 클릭한 다음, **스크래치 3 열기**를 클릭해 새 스크래치 창을 연다.

4. 스프라이트 리스트에서 고양이 모양은 필요 없으므로 스프라이트 1을 지운다. 오른쪽 위에 있는 **휴지통**trash can을 클릭한 후 **모양** 탭을 **배경** 탭으로 바꾼다.

5. 그림 8-8과 같이 **배경** 탭을 클릭한 다음, 스크래치 프로젝트를 두 개로 나누는 배경을 그린다.

   위쪽 절반은 타블로이드판 신문의 머리기사와 일치하는 신문을 위한 공간이며, 아래쪽 절반은 전국신문의 머리기사와 일치하는 신문을 위한 것이다.

   위쪽과 아래쪽의 색을 선택한다. 여기서는 위쪽은 빨간색, 아래쪽은 파란색을 선택했다.

   전체 공간에 선을 그어 두 개의 공간으로 나눈다.

그림 8-8과 같은 화면을 만들어야 한다.

그림 8-8 Newspapers 프로젝트의 무대 배경을 준비한다.

6. 마우스 포인터를 화면 오른쪽 아래에 있는 스프라이트 고르기 아이콘 (고양이 얼굴) 위로 이동해 스프라이트를 추가한다. 이 스프라이트는 머신러닝 모델이 인식해야 할 신문 머리기사를 나타내므로 캔버스 위의 의상 텍스트 상자와 오른쪽 아래의 스프라이트 텍스트 상자 모두에 적절한 이름을 입력한다.

신문을 그리기 위해 그리기를 선택한다. 컴퓨터에 저장한 신문의 그림이나 사진을 사용하려면 스프라이트 업로드하기를 클릭한다.[3]

---

3 소스 코드의 Chapter08 디렉터리에 신문의 그림이 포함돼 있으므로 스프라이트로 업로드해 사용해도 된다.
  – 옮긴이

7. **모양** 탭을 클릭하고, 그리기 도구를 사용해 위쪽 배경에 맞춰 신문을 색칠한다. 여기서는 그림 8-9와 같이 빨간색 타블로이드판 신문 머리기사를 나타내는 신문 스프라이트를 그리고 타블로이드라고 이름을 붙였다.

그림 8-9 ┃ 첫 번째 신문 스프라이트 그리기

8. 그림 8-10과 같이 **코드** 탭에서 도구 모음의 **변수**를 클릭해 리스트 만들기를 선택한다.

모든 스프라이트에서 사용을 선택하고, 리스트의 이름을 지정한다. 여기서는 리스트의 이름을 타블로이드 머리기사로 지정했다.

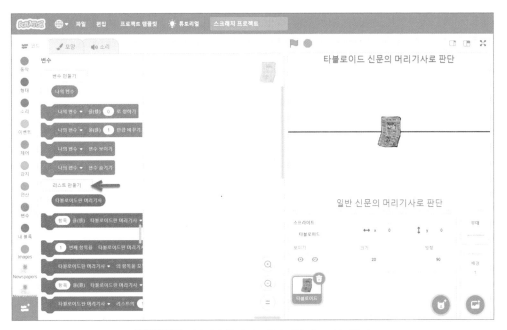

그림 8-10 머리기사 첫 번째 그룹에 대한 리스트를 만든다.

9. 그림 8-11과 같이 10개 이상의 머리기사를 리스트에 추가한다. 리스트의 왼쪽 아래에 있는 + 버튼을 클릭하면 새로운 줄이 추가된다. 리스트 오른쪽 아래에 있는 = 버튼을 드래그해 화면을 크게 만들면 입력하는 내용을 쉽게 확인할 수 있다.

이 리스트에 입력하는 텍스트는 머신러닝 모델을 훈련시킨 내용에 맞게 신문 머리기사나 기사가 돼야 한다.

리스트의 텍스트는 훈련 데이터로 사용하지 않은 새로운 머리기사를 사용하는 것이 중요하다. 컴퓨터가 보지 않았던 머리기사를 사용함으로써, 머리기사를 단순히 기억하는 것이 아니라 새로운 머리기사를 인식할 수 있는지 적절하게 평가할 수 있다.

평가용 머리기사를 리스트에 추가했다면 도구 모음의 리스트를 체크해제해 무대에서 리스트를 숨긴다.

그림 8-11 첫 번째 그룹의 평가용 머리기사

10. **코드** 탭을 클릭해 그림 8-12의 스크립트를 작성한다.

tabloid 블록을 프로젝트에서 컴퓨터에게 훈련시킨 내용의 레이블로 대체한다.

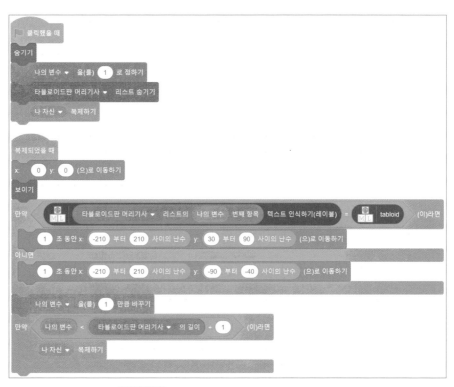

그림 8-12 Newspapers 프로젝트의 첫 번째 스크립트

이 스크립트는 타블로이드 머리기사를 모두 살펴보고, 머신러닝 모델
이 머리기사를 타블로이드 머리기사로 인식하면 해당 머리기사를 화
면 위쪽으로 옮긴다. 아닐 경우 화면 아래쪽으로 옮긴다.

3장에서 스프라이트 모양을 인식하는 머신러닝 모델을 사용해 동물 스
프라이트를 분류할 때 이와 비슷한 작업을 했다. 이번에는 리스트에
있는 텍스트를 인식하는 머신러닝 모델을 사용해 스프라이트를 분류
한다.

11. 녹색 깃발 아이콘을 클릭한 다음 스크립트가 실행되는지 확인한다.

    머신러닝 모델이 잘 작동했는가? 모델이 몇 가지 잘못된 답을 얻을 수도 있다. 그림 8-13에서 필자의 머신러닝 모델이 수행한 결과를 확인할 수 있다.

그림 8-13 Newpapers 프로젝트의 첫 번째 평가 결과

신문 스프라이트를 그룹으로 나누기만 해선 머신러닝 모델이 타블로이드 머리기사와 일반 신문 머리기사를 구별 가능한지 확인할 수 없다. 모델은 거의 모든 머리기사를 타블로이드 머리기사로 인식할 것이다. 모델이 일반 신문 머리기사도 인식하는지 알아보려면 리스트에 일반 신문 머리기사 데이터를 추가해야 한다.

12. 6단계의 설명을 따라 배경의 아래로 가야 할 머리기사나 기사를 나타내는 새로운 스프라이트를 만든다. 배경을 그릴 때 화면 아래에 선택한 색에 맞춰 스프라이트를 색칠하고, 모델을 훈련시킨 내용에 맞도록

스프라이트와 의상의 이름을 붙인다. 여기서는 그림 8-14와 같이 일반 신문 머리기사를 나타내는 파란색 신문 스프라이트를 그리고 일반 신문이라 이름을 붙였다.

그림 8-14 Newpapers 프로젝트의 두 번째 스프라이트

13. 그림 8-10과 같이 **코드** 탭에서 도구 모음의 **변수**를 클릭해 리스트 만들기를 선택한다. 이 리스트에 배경 아래로 옮길 10개 이상의 머리기사나 기사를 리스트에 추가한다.

스프라이트를 모두 선택하고, 머신러닝 모델이 인식하도록 두 번째 그룹에 맞춰 리스트의 이름을 지정한다.

여기서는 그림 8-15와 같이 리스트의 이름을 일반 신문 머리기사로 만들고 일반 신문 머리기사 10개를 추가했다.

평가용 머리기사를 리스트에 추가했다면 도구 모음의 리스트를 체크 해제해 무대에서 리스트를 숨긴다.

그림 8-15 두 번째 그룹의 평가용 머리기사

14. 그림 8-16처럼 두 번째 뉴스 스프라이트에 대한 스크립트를 작성한다.
이 스크립트는 9단계 중 첫 번째 뉴스 스프라이트에 대해 작성했던 코
드와 비슷하다. 이 코드는 두 번째 리스트 데이터 모두에 적용된다.

리스트 각각의 데이터에 대한 스프라이트를 만든다. 머신러닝 모델이
두 번째 그룹에 속하는 것으로 인식하면, 이 코드는 스프라이트를 화
면 아래로 옮긴다. 아닐 경우 스프라이트를 위로 옮긴다.

첫 번째 스프라이트의 리스트나 변수를 사용하지 않도록 주의한다. 첫
번째 스크립트는 타블로이드판 머리기사에 대해 동작하며, 두 번째 스
크립트는 일반 신문 머리기사에 대해 동작한다. 이를 위해 그림 8-15
에서 두 번째 스크립트에서 일반 신문 변수를 만들었으며, 첫 번째 스
크립트에 사용된 변수 이름인 나의 변수를 타블로이드로 바꿨다.

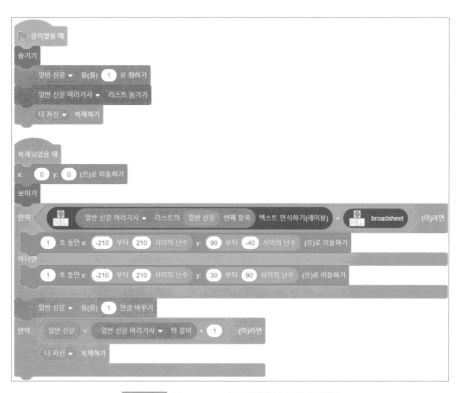

그림 8-16 Newspapers 프로젝트의 두 번째 스크립트

> **NOTE** 스크립트를 제대로 작성했는지 확인하고, 스크립트를 스프라이트에 일치시킨다.

스프라이트가 아래도 이동하기 위해서는 이 스크립트의 좌표가 달라야 한다는 점에 유의한다.

15. **녹색 깃발** 아이콘을 클릭한 다음, 스크립트가 실행되는지 확인한다.

이전 스크립트와 마찬가지로 모델이 제대로 동작하지 않더라도 걱정할 필요는 없다. 그림 8-17에서 머신러닝 모델이 수행한 결과를 확인할 수 있다.

머신러닝 모델이 잘 작동했는가?

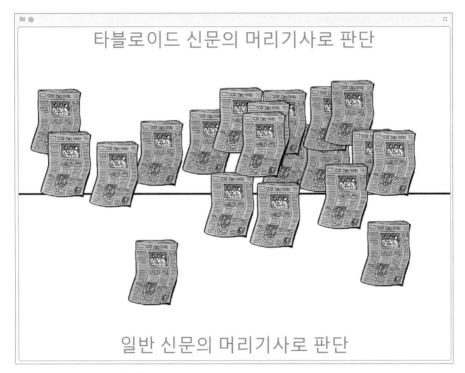

타블로이드 신문의 머리기사로 판단

일반 신문의 머리기사로 판단

그림 8-17 Newpapers 프로젝트의 첫 번째 평가 결과

⤴ 프로젝트 검토 및 개선

언론매체[media]에서 사용하는 언어를 인식하도록 머신러닝 모델을 훈련시켰다!
또한 스크래치를 사용해 머신러닝 모델의 효과를 시각적으로 확인하기 위해
간단한 평가를 진행했다.

머신러닝 모델이 완벽하게 작동했다면 모델은 빨간색 신문을 위쪽으로, 파란
색 신문을 아래쪽으로 옮겼을 것이다.

실제로는 그렇지 않았다.

훈련 데이터의 양이 많지 않기 때문에 머리기사를 100% 완벽하게 인식하는 것은 불가능하다. 훈련 데이터를 더 많이 사용하면 모델의 성능을 더 개선할 수 있겠지만, 개선하더라도 머신러닝 시스템이 완벽하게 작동하는 경우는 거의 없다.

그렇다면 모델의 성능은 어느 정도일까? 머신러닝 시스템의 성능을 측정하는 방법은 다양하다.

성능 측정: 정확도

머신러닝 모델의 성능을 설명하는 한 가지 측도^{measure}는 머신러닝 모델이 정확하게 답한(정답을 맞힌) 항목의 수를 집계한 정확도^{accuracy}다.

선택한 모든 스프라이트에 대한 새 변수를 만들고 correct^{맞음}라는 이름을 붙인다.

첫 번째 스프라이트에 대한 스크립트(화면 위쪽으로 옮겨야 할 신문에 대한 그림 8-12의 스크립트)를 그림 8-18의 스크립트로 바꾼다.

스크립트 마지막의  블록을 블록으로 대체해야 한다.

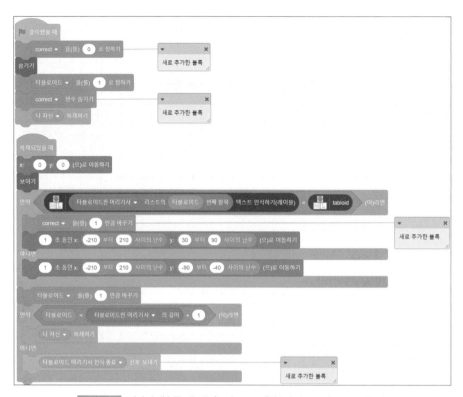

그림 8-18 정답의 개수를 세도록 (그림 8-12의) 첫 번째 스크립트를 수정한다.

NOTE 노란색 상자에 있는 주석은 입력하지 않는다. 코드의 어떤 부분이 이전 스크립트와 다른지 쉽게 확인할 수 있도록 추가했다.

이제 두 번째 스프라이트에 대한 스크립트(화면 위쪽으로 옮겨야 할 신문에 대한 그림 8-16의 스크립트)를 그림 8-19의 스크립트로 바꾼다.

스크립트 마지막의  블록을 블록으로 대체해야 한다.

NOTE 이전과 마찬가지로 노란색 상자에 있는 주석은 입력하지 않는다. 코드의 어떤 부분이 이전 스크립트와 다른지 쉽게 확인할 수 있도록 추가했다.

184

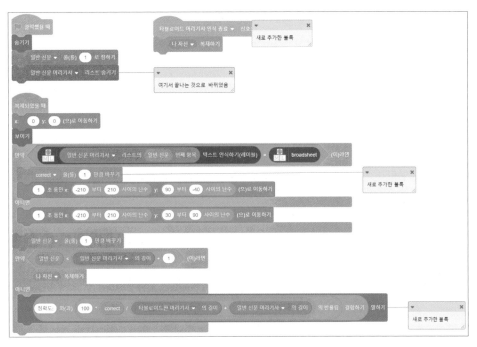

그림 8-19 정답의 개수를 세도록 (그림 8-16의) 두 번째 스크립트를 수정한다.

스크래치 프로젝트는 이렇게 업데이트한 스크립트를 사용해 머신러닝 모델의 정확도를 계산하고 평가가 끝나면 결과를 표시한다. 정확도는 그림 8-20과 같으며 다음과 같이 계산한다.

$$\frac{정답\ 수}{(타블로이드판\ 머리기사의\ 수) + (일반\ 신문\ 머리기사의\ 수)}$$

그림 8-20 정확도 계산(스크래치는 리스트에 있는 항목 개수를 리스트의 길이로 사용한다)

다시 표현하자면 정확도는 머신러닝 모델이 정확하게 분류한 머리기사의 백분율percentage이다.

이 프로젝트에서 머신러닝 모델의 정확도는 그림 8-21와 같이 75%다. 여러분이 만든 프로젝트의 정확도는 얼마인가?

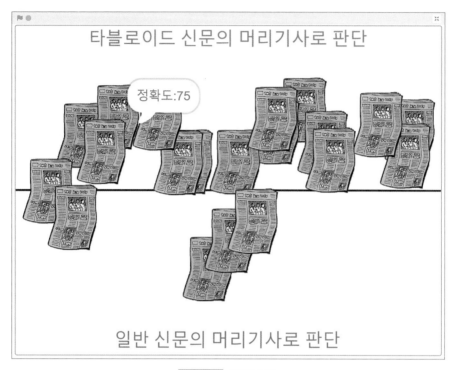

타블로이드 신문의 머리기사로 판단

정확도:75

일반 신문의 머리기사로 판단

그림 8-21 정확도 표시

성능 측정: 혼동 행렬

정확도는 유용한 측도인 동시에 가장 널리 알려진 측도일 것이다. 그러나 대부분 정확도만으로는 충분하지 않으며 실제 머신러닝 시스템에서 사용하는 유일한 측도도 아니다.

정확도에 어떤 문제가 있다고 생각할 수 있을까?

그림 8-22와 같이 머신러닝 모델이 모든 머리기사를 일반 신문의 머리기사로 분류했다면 정확도는 어떨까?

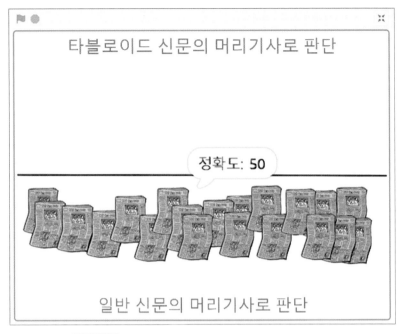

그림 8-22 모든 머리기사를 일반 신문의 머리기사로 분류한 경우

모델이 10개의 일반 신문을 모두 제자리에 놓았지만 10개의 타블로이드 신문을 모두 잘못된 곳에 놓았기 때문에 정확도는 50%가 될 것이다.

모델이 10개의 일반 신문 머리기사를 모두 올바른 위치로 옮겼지만 10개의 타블로이드판 머리기사는 잘못된 위치로 옮겼으므로

정확도는 50% ($= \dfrac{10}{10+10} \times 100\% = \dfrac{10}{20} \times 100\%$)가 된다.

그러나 '50%의 정확도'는 모든 질문에 똑같은 답을 하는 시스템에서 좋은 설명은 아니기 때문에 오해의 소지가 없도록 더 좋은 방법을 사용해 설명해야 한다.

혼동 행렬confusion matrix은 머신러닝 모델의 정답 수와 오답 수를 센 결과를 표 형태로 정리한 것이다. 예를 들어보자.

선택한 모든 스프라이트에 4개의 변수를 더 만들고 각 변수의 이름을 참 양성 TP, True Positive **4**과 참 음성 TN, True Negative **5**, 거짓 양성 FP, False Positive **6**, 거짓 음성 False Negative **7**으로 지정한다. 그림 8-23과 같이 도구 모음에서 4개의 변수 모두에 체크박스를 선택한다.

그림 8-23 혼동 행렬을 위한 변수 만들기

---

4   통계학에서는 진양성(眞陽性)이라고도 하며, 참을 참으로 올바르게 분류한 것을 의미한다. – 옮긴이

5   통계학에서는 진음성(眞陰性)이라고도 하며, 거짓을 거짓으로 올바르게 분류한 것을 의미한다. – 옮긴이

6   통계학에서는 제1종 오류(type I-error) 또는 위양성(僞陽性)이라고도 하며, 거짓을 참으로 잘못 분류한 것을 의미한다. 식별하지 않아야 할 것을 식별했다는 의미로 오탐 또는 오탐지라고도 한다. – 옮긴이

7   통계학에서는 제2종 오류(type II-error) 또는 위음성(僞陰性)이라고도 하며, 참을 거짓으로 잘못 분류한 것을 의미한다. 식별해야 할 것을 식별하지 못했다는 의미로 미탐 또는 미탐지라고도 한다. – 옮긴이

그림 8-24와 같이 무대에 변수를 배치한다.

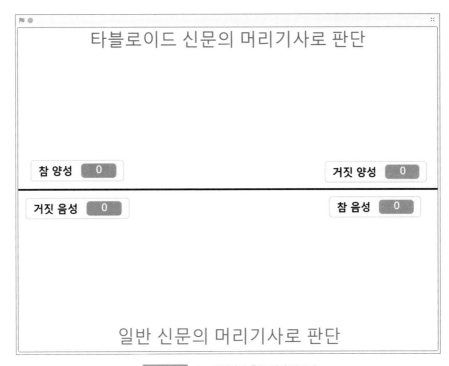

타블로이드 신문의 머리기사로 판단

참 양성　0　　　　　　　　거짓 양성　0

거짓 음성　0　　　　　　　　참 음성　0

일반 신문의 머리기사로 판단

그림 8-24　스크래치에서 혼동 행렬 만들기

첫 번째 스프라이트에 대한 스크립트(화면 위쪽으로 옮겨야 할 신문에 대한 그림 8-18의 스크립트)를 그림 8-25의 스크립트로 바꾼다.

시간이 걸리더라도 코드를 꼼꼼히 확인한다. 이전과 마찬가지로 바뀐 부분을 알 수 있도록 주석을 달았다.

현재 참 양성[TP]과 거짓 음성[FN]에 대한 카운터를 증가시키고, 타블로이드판 머리기사가 화면 왼쪽에 있도록 이동하기 블록의 x 값을 바꾸고 있다.

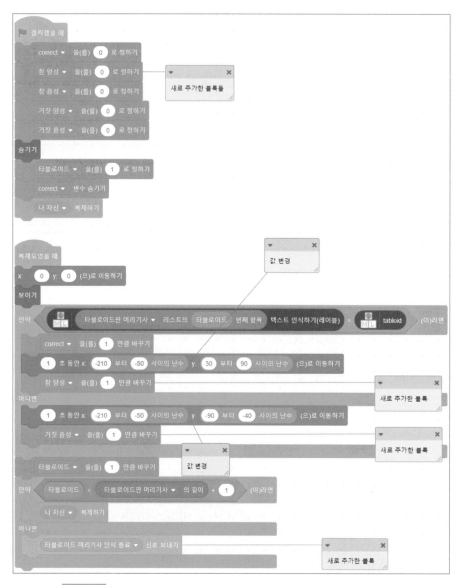

그림 8-25 혼동 행렬의 값을 계산하도록 (그림 8-18의) 첫 번째 스크립트를 수정한다.

두 번째 스프라이트에 대한 스크립트(화면 위쪽으로 옮겨야 할 신문에 대한 그림 8-19의 스크립트)를 그림 8-26의 스크립트로 바꾼다.

현재 참 음성^{TN}과 거짓 양성^{FP}에 대한 카운터를 증가시키고, 타블로이드판 머리기사가 화면 오른쪽에 있도록 글라이드 블록^{glide block}의 x 값을 바꾸고 있다.

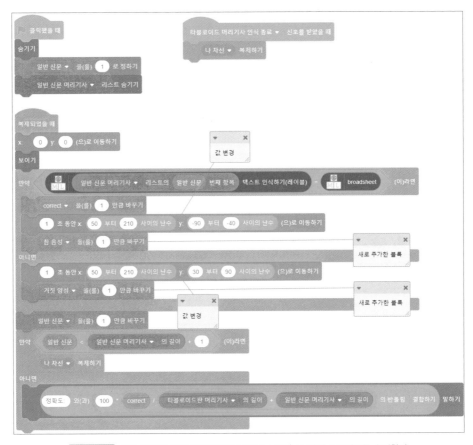

그림 8-26 혼동 행렬의 값을 계산하도록 (그림 8-19의) 두 번째 스크립트를 수정한다.

녹색 깃발을 클릭해 머신러닝 모델을 다시 평가한다. 결과는 그림 8-27와 같다.

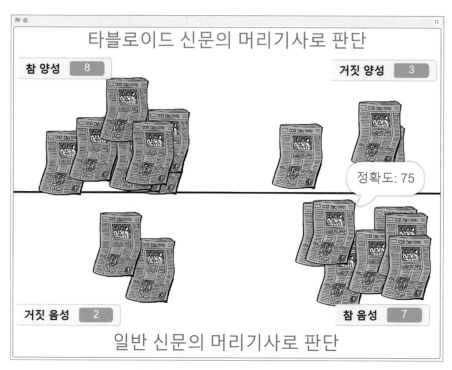

그림 8-27 스크래치에서 혼동 행렬 표시하기

표 8-1은 머신러닝 모델이 분류한 결과를 혼동 행렬로 정리한 것이다.

표 8-1 혼동 행렬로 정리한 결과

참 양성	거짓 양성
타블로이드판 머리기사 ML 모델이 타블로이드판 머리기사로 분류 (정답)	타블로이드판 아닌 신문의 머리기사 ML 모델이 타블로이드판 머리기사로 분류 (오답)
거짓 음성	**참 음성**
타블로이드판 머리기사 ML 모델이 타블로이드판 머리기사가 아닌 것으로 분류 (오답)	타블로이드판 아닌 신문의 머리기사 ML 모델이 타블로이드판 머리기사가 아닌 것으로 분류 (정답)

혼동 행렬은 머신러닝 모델의 성능을 정확도만으로는 설명할 수 없는 내용을 설명할 수 있는 유용한 방법이다.

머신러닝 모델이 모든 머리기사를 일반 신문의 머리기사라고 분류했다면 혼동 행렬은 그림 8-28처럼 될 것이다.

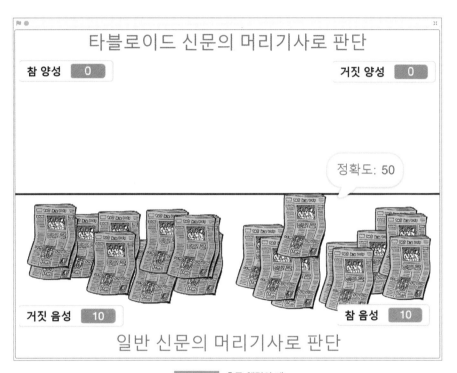

그림 8-28 혼동 행렬의 예

성능 측정: 정밀도와 재현율

머신러닝 모델의 성능을 설명하는 다른 측도^{measure}는 정밀도^{precision}와 재현율 ^{recall}이다.

정밀도는 다음과 같이 계산한다.

$$\frac{\text{참 양성의 수}}{(\text{참 양성의 수} + \text{거짓 양성의 수})}$$

재현율은 다음과 같이 계산한다.

$$\frac{\text{참 양성의 수}}{(\text{참 양성의 수} + \text{거짓 음성의 수})}$$

그림 8-29의 계산식 코드를 추가해 스크립트를 업데이트한다. 두 번째 스프라이트의 [복제되었을 때] 블록에서 [말하기] 블록 뒤에 계산식 코드를 추가한다.

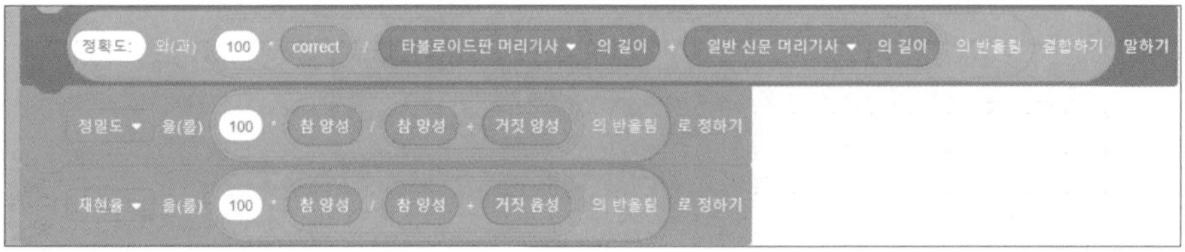

그림 8-29 스크래치에서 정밀도와 재현율 계산하기

업데이트한 스크립트를 실행한 결과는 그림 8-30과 같다.

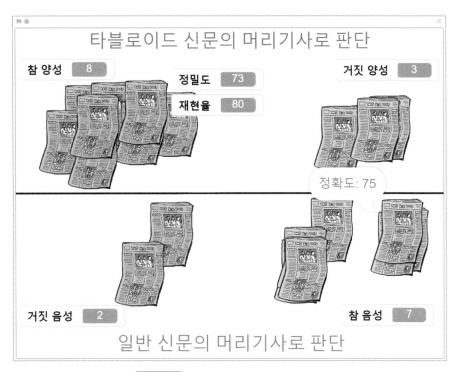

스크래치에서 정밀도와 재현율 확인

정밀도 점수는 머신러닝 모델이 어떤 머리기사를 보고 타블로이드판 머리기사라고 인식했을 때 정답 확률이 78%라는 것을 의미한다.

재현율 점수는 머신러닝 모델이 평가 데이터에서 타블로이드판 머리기사의 70%를 찾아냈다는 것을 의미한다.

정확도 점수는 머신러닝 모델이 답한 결과의 75%가 정답이라는 것을 의미한다.

정밀도와 재현율, 정확도는 모두 머신러닝 모델의 성능을 설명하는 데 많은 도움이 된다.

예를 들어 그림 8-31은 정확도 점수가 50%인 두 개의 다른 머신러닝 모델을 보여준다. 두 모델의 정밀도와 재현율 점수는 모델의 작동 방식의 차이점을 설명하는 데 도움이 된다.

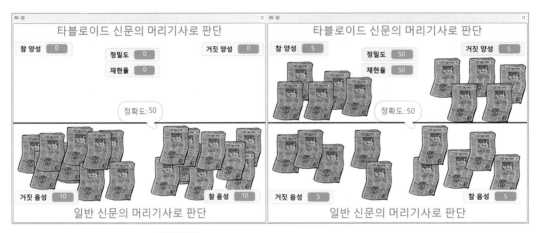

그림 8-31 정확도가 50%인 두 개의 다른 머신러닝 모델

평가 데이터를 직접 입력하고 모델이 정답을 맞힌 개수를 계산해 모델의 성능을 평가했던 7장의 프로젝트와 비교했을 때, 이런 측정값을 사용해 머신러닝 모델의 성능을 설명하면 더 일관되고 효율적임을 알 수 있다. 9장의 이미지 인식 프로젝트에서 성능을 측정하는 또 다른 방법을 알아본다.

머신러닝 모델 개선하기

훈련 단계의 두 훈련 버킷에 각각 10개의 훈련 데이터를 추가한 다음 학습 & 평가 단계에서 새로운 머신러닝 모델을 훈련한다.

새로운 머신러닝 모델 훈련이 끝나면 스크래치 스크립트를 다시 실행한다.

훈련 데이터의 개수를 늘리면 정밀도와 재현율, 정확도 점수에 어떤 영향을 줄까?

⟳ 8장에서 배운 내용

지금까지의 프로젝트를 통해 머신러닝은 완벽하지 않으며 실수를 할 수 있다는 것을 알게 됐다. 그러나 머신러닝이 반드시 완벽할 필요는 없다. 머신러닝 시스템은 한 사람이 평생 읽어야만 하는 많은 양의 텍스트를 짧은 시간 안에 분석하고 매우 빠르게 작동함으로써 실수를 보완한다. 10%의 실수를 하더라도 머신러닝 시스템은 주의가 필요한 것을 찾는 데 유용하게 사용할 수 있다. 하지만 머신러닝 시스템이 얼마나 잘 작동하는지 측정하려면 얼마나 많은 실수를 하는지 아는 것이 중요하다.

8장에서는 머신러닝 시스템을 평가하고 성능을 측정하는 여러 방법을 알아봤으며, 이런 측정 방법은 머신러닝 시스템이 제공하는 결과를 어떻게 사용할지 결정하는 데 도움이 된다.

9장에서는 머신러닝 모델이 인식하도록 복잡한 문제를 여러 조각으로 나눠 해결하는 방법을 살펴보고, 다시 혼동 행렬을 사용해 이런 방식이 얼마나 잘 작동하는지 알아본다.

그림에서 대상 찾기

9

이전 프로젝트에서 사진에 있는 개체를 인식할 수 있도록 머신러닝 시스템을 훈련시킬 수 있음을 배웠다. 특히 4장에서 가위바위보 게임을 만들었을 때와 마찬가지로 전체 그림이 관심의 대상일 때 유용했다. 가위바위보 게임을 위해 손 사진을 크게 찍었다. 하지만 때로는 컴퓨터가 훨씬 더 큰 그림에서 작은 부분을 차지하는 어떤 것을 찾도록 훈련하고 싶을 때가 있다. 9장에서는 복잡한 일을 단순한 개별 작업으로 나눈 다음, 개별 작업에 머신러닝을 적용하는 방법을 알아본다.

예를 들어, 그림 9-1에서 나무의 위치를 알아내기 위해 머신러닝을 사용한다고 생각해보자.

그림 9-1   나무는 어디에 있을까?

기본 아이디어는 3장에서 특정 동물의 그림을 인식하도록 훈련시킨 것과 같은 방식으로 나무 그림을 인식하도록 머신러닝 모델을 훈련시키는 것이다. 그리고 그림을 더 작은 조각으로 자른 다음, 나무 그림을 인식하는 머신러닝 모델을 사용해 어떤 조각이 나무 그림처럼 보이는지 확인한다.

예를 들어, 그림 9-1의 왼쪽 윗부분은 그림 9-2와 같다. 머신러닝 모델은 이 그림을 나무로 인식하지 않으므로 전체 그림의 왼쪽 윗부분에는 나무가 없다고 할 수 있다.

그림 9-1의 왼쪽 윗부분

이외에도 그림 9-3과 같이 오른쪽 아랫부분에도 시도해볼 수 있다. 머신러닝 모델은 마찬가지로 이 그림을 나무로 인식하지 않을 것이므로 전체 그림의 오른쪽 아랫부분에 나무가 없다고 할 수 있다.

그림 9-3 그림 9-1의 오른쪽 아랫부분

그림 9-4와 같은 그림이 나올 때까지 계속 시도해본다. 머신러닝 모델이 높은 신뢰도로 이 그림을 나무라고 인식한다면 우리는 나무의 위치를 찾을 수 있다.

그림 9-4 그림 9-1의 왼쪽 아랫부분

이런 아이디어를 일반화하는 좋은 방법은 그림을 타일^{tile} 형태로 작게 나눈 다음, 각각의 타일에 대해 평가를 하는 것이다. 9장에서는 임의로 생성된 장면에서 어떤 것이 어디에 있는지 찾도록 머신러닝 모델을 훈련시킬 때 이런 방법이 어떻게 작동하는지 알아본다.

⟳ 프로젝트 만들기

9장에서는 무작위로 배경을 선택한 다음, 무대 주변에 십여 개의 스프라이트를 무작위로 배치하는 스크래치 프로젝트를 사용한다. 이 스프라이트 중 하나는 오리다. 이 프로젝트의 목적은 스프라이트 좌표를 사용하지 않고 무대만 보고 오리를 찾아내는 것이다(그림 9-5 참조).

그림 9-5 이 프로젝트의 목적은 오리를 찾아내는 것이다.

모델 훈련시키기

1. 새로운 머신러닝 프로젝트를 만들고 프로젝트의 이름을 Find the duck 오리 찾기로 설정한 다음, 이미지 인식 방법을 학습하도록 설정한다.

NOTE 머신러닝 프로젝트를 만드는 방법을 모른다면 2장의 41쪽 '새로운 머신러닝 프로젝트 만들기' 절을 참고한다.

2. 그림 9-6의 화면에서 **훈련**을 클릭한다.

그림 9-6　훈련은 머신러닝 프로젝트의 첫 번째 단계다.

3. 그림 9-7의 화면에서 **새로운 레이블 추가**를 클릭한 다음 Duck오리을 입력한다.

그림 9-7　오리 그림의 훈련 버킷을 만든다.

4. 그림 9-8의 화면에서 **새로운 레이블 추가**를 클릭한 다음, Not the Duck오리 아님을 **입력한다**(빈칸은 자동으로 밑줄로 입력된다).

이 버킷은 컴퓨터가 인식하지 않도록 훈련시킬 사물을 저장하는 부정 훈련^{negative training} 데이터를 저장하는 데 사용된다.

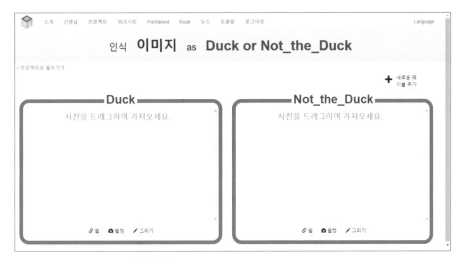

그림 9-8 오리가 아닌 그림의 훈련 버킷을 만든다.

5. 화면의 왼쪽 위에 있는 **프로젝트로 돌아가기**를 클릭한다.

6. **만들기**를 클릭한다.

7. 그림 9-9처럼 **스크래치 3**을 클릭한다.

그림 9-9 **스크래치 3**을 클릭한다.

이때 '훈련된 모델이 없습니다'라는 경고가 뜬다. 스크래치를 사용해
훈련 데이터를 수집할 것이므로 경고가 뜨더라도 괜찮다.

8. 그림 9-10의 straight into Scratch (스크래치로 바로가기)를 클릭한다.

그림 9-10 straight into Scratch 를 클릭하고 머신러닝 모델 없이 스크래치를 연다.

9. 상단 메뉴에서 프로젝트 템플릿을 클릭한 다음, 템플릿 목록에서 Find
the duck 오리 찾기을 클릭한다.

이 프로젝트에는 3×4 형태의 타일에 12개의 스프라이트가 무대에 배열돼 있다. 템플릿을 처음 열면 스프라이트는 숨겨져 있으며, 각 스프라이트의 이름은 그림 9-11과 같다.

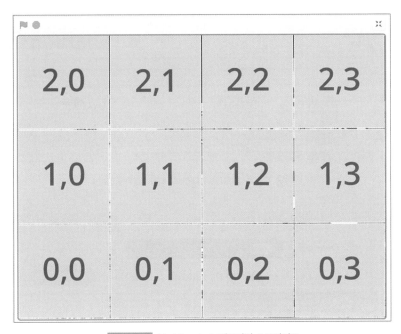

그림 9-11 Find the duck 템플릿의 스프라이트

10. 오른쪽 아래의 스프라이트 리스트에서 **0,0** 스프라이트를 클릭한다. 그림 9-12와 같이 코드 영역의 왼쪽 위 끝의 노란색 TRAINING 주석 아래에서 `store training data example of the duck 정의하기` (오리 훈련 예제 데이터 저장하기) 블록과 `store training data example of NOT the duck 정의하기` (오리가 아닌 훈련 예제 데이터 저장하기) 블록을 찾는다.

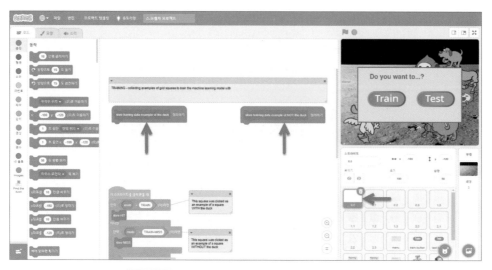

그림 9-12   0,0 스프라이트에 대한 스크립트 블록을 찾는다.

11. 왼쪽 도구 모음에서 Find the duck^{오리 찾기} 그룹을 클릭하고 두 스크립트 모두에 (을)를 Duck ▾ 레이블의 훈련 데이터로 추가 블록을 추가한다. 그런 다음, 그림 9-13과 같이 images 그룹에서 backdrop image 블록을 (을)를 Duck ▾ 레이블의 훈련 데이터로 추가 블록에 드래그한다.

첫 번째 스크립트에는 Duck 훈련 데이터 버킷에 배경을 추가하고, 두 번째 스크립트에는 Not the Duck^{오리 아님} 훈련 데이터 버킷에 배경을 추가한다.

그림 9-13   훈련 예제 데이터를 두 개의 훈련 버킷에 추가한다.

208

12. 12개의 모든 스프라이트에 11단계를 반복한다(그림 9-14 참조). 이 작업이 끝나면 클릭하는 모든 타일의 스프라이트를 훈련 데이터의 예로 추가할 수 있다.

> **NOTE** 블록을 추가할 때 블록이 노란색으로 빛나면, 여러분의 실수로 스크립트의 해당 부분이 실행돼 사진이 훈련 버킷에 추가된 것이다. 이런 경우에는 훈련 단계로 되돌아가 해당 그림을 버킷에서 삭제해야 한다.

그림 9-14 12개의 모든 스프라이트에 스크립트 블록을 추가한다.

13. 훈련 예제 데이터를 수집할 때가 됐다! 녹색 깃발을 클릭해 코드를 실행한다. 프로젝트가 훈련^{Train}시킬지 평가^{Test}할지 묻는다면 훈련^{Train}을 클릭한다.

duck^{오리}을 클릭하라는 메시지가 나오면 **OK**^{확인}를 클릭한 다음, 오리가 들어 있는 타일을 클릭한다. 클릭한 타일은 그림 9-15와 같이 Duck 훈련 버킷에 추가된다.

오리가 한 타일에 맞게 들어가 있지 않을 수 있으므로 일부만 보일 수 도 있다. 그러나 곧 알게 되겠지만 일부만 보이더라도 평가에는 유용 하다.

14. 오리가 들어 있지 않은 타일을 클릭하라는 메시지가 나오면 OK^{확인}를 클릭한다. 오리가 일부라도 들어 있는 타일은 클릭하면 안 된다.

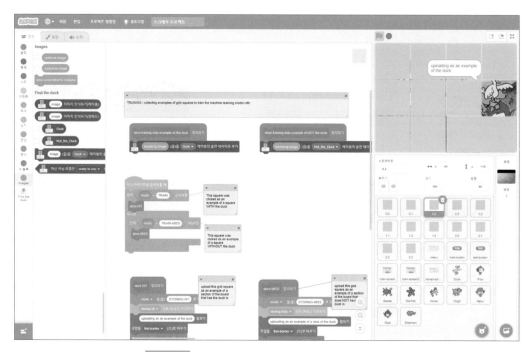

그림 9-15 오리가 들어 있는 타일을 훈련 데이터에 추가하기

15. 어린이를 위한 머신러닝 사이트에서 **프로젝트로 돌아가기**를 클릭한 다음 **훈련**을 클릭해 모든 것이 작동하는지 확인한다. 그림 9-16과 같이 여 러분이 클릭한 타일이 모두 나타나야 한다. 클릭한 타일이 버킷에 제 대로 들어 있는지 확인한다.

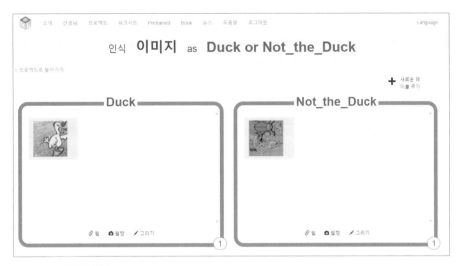

인식 **이미지** as **Duck or Not_the_Duck**

Duck

Not_the_Duck

그림 9-16 훈련 예제 데이터는 훈련 단계에서 해당 버킷에 제대로 들어 있어야 한다.

NOTE 두 타일 중 어느 하나가 없다면, 훈련 데이터 추가 블록이 스프라이트 스크립트 중 어느 하나에 추가되지 않았을 수 있으므로 스프라이트 리스트에서 스프라이트를 각각 클릭해 다시 확인한다.

16. 그림 9-17과 같이 13~15단계를 반복해 각 버킷에 최소 10개의 훈련 예제 데이터를 추가한다.

Not the Duck^{오리 아님} 훈련 예제 데이터 세트를 만드는 방법에 대한 두 가지 도움말은 다음과 같다.

▷ Not the Duck^{오리 아님} 버킷에 매번 같은 캐릭터를 클릭하면 안 된다. 예를 들어 앵무새를 인식하는 훈련 데이터 세트가 되길 바라지 않는다. 좋은 Not the Duck^{오리 아님} 훈련 데이터 세트를 만드는 가장 좋은 방법은 다른 캐릭터들을 고르게 클릭하는 것이다.

▷ 두 번째로는 캐릭터가 아예 없는 타일을 포함하도록 해야 한다. 컴퓨터는 빈 타일도 오리가 아니라고 학습해야 한다.

그림 9-17 오리를 찾기 위한 훈련 데이터

17. 프로젝트로 돌아가기를 클릭한 다음 **학습 & 평가**를 클릭한다. 그림 9-18 에서 **새로운 머신러닝 모델을 훈련시켜보세요**를 클릭한다.

훈련이 끝날 때까지 기다린다. 훈련은 몇 분 정도 걸릴 것이다.

그림 9-18 수집한 훈련 예제 데이터를 사용해 머신러닝 모델을 훈련시킨다.

프로젝트 준비하기

이제 스크래치 프로젝트를 수정해 평가 스크립트를 마무리 짓도록 한다.

1. 오른쪽 아래 스프라이트 리스트에서 0,0 스프라이트를 클릭하고, 코드 영역에서 test-0,0 ▼ 신호를 받았을 때 스크립트를 찾는다. 이 스크립트는 그림 9–19와 같이 이전에 작업했던 스크립트 오른쪽에 있다.

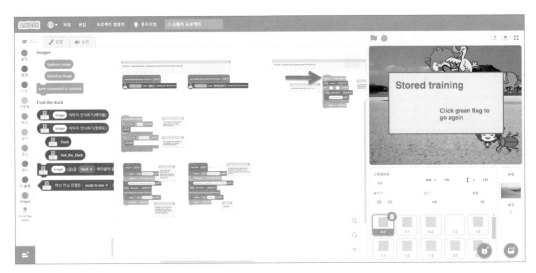

그림 9-19 0,0 스프라이트에서 평가 스크립트를 찾는다.

2. 그림 9–20과 같이 도구상자의 Find the duck 그룹에서

 블록을 test-0,0 ▼ 신호를 받았을 때 스크립트 안으로 드래그해 스크립트를 업데이트한다.

이 스크립트는 왼쪽 아래 타일에 오리가 있는지 평가하기 위해 머신러닝 모델을 사용하며, "여기에 오리가 있나요?"라는 메시지를 표시한다.

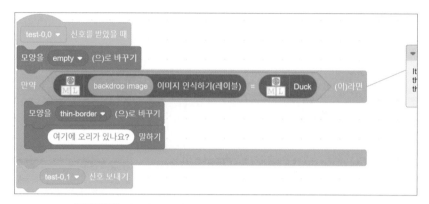

그림 9-20 　머신러닝 모델을 사용하도록 평가 스크립트를 업데이트한다.

3. 12개의 모든 스프라이트에 대해 2단계를 반복한다(그림 9-21 참조). 모든
작업을 마치면 머신러닝 모델이 모든 타일을 확인해 오리를 찾을 수
있다.

그림 9-21 　12개의 모든 스프라이트에 평가 스크립트를 추가한다.

모델 평가하기

이제 머신러닝 프로젝트를 평가해보자!

1. 녹색 깃발을 클릭한 다음 무대의 스크래치 프로젝트에서 Test^{평가하기}를
   클릭한다.

   프로젝트는 그림 9-22와 같이 머신러닝 모델을 사용해 모든 타일을 확
   인하며, 오리를 찾으면 해당 타일을 강조한다.

그림 9-22 머신러닝 모델 평가하기

2. 몇 번 시도해보면서 모델이 얼마나 잘 맞히는지 확인한다. 큰 장면에
   서 작은 이미지를 찾는 것은 복잡한 일이므로 10개의 훈련 데이터만으
   로는 몇 번의 실수가 있을 수 있다.

3. 앞에서 했던 것처럼 녹색 깃발을 클릭한 다음 Train을 클릭해 훈련 데이터를 추가한다. 그림 9-23과 같이 훈련 단계에서 새로운 훈련 데이터를 확인할 수 있다.

    프로젝트로 돌아가기를 클릭한 다음 **학습 & 평가**를 클릭해 더 많은 훈련 데이터로 새로운 머신러닝 모델을 훈련시킨다.

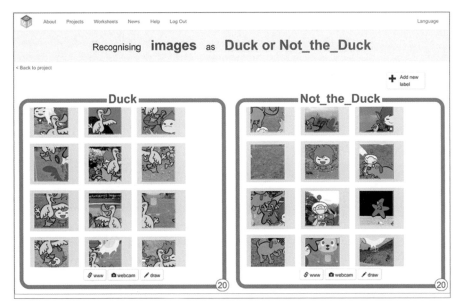

그림 9-23 각 그룹에서 20개의 훈련 데이터로 새로운 머신러닝 모델을 훈련시킨다.

4. 이전에 했던 것처럼 다시 평가한다. 새로운 머신러닝 모델이 오리를 더 잘 찾는가?

⟲ 프로젝트 검토 및 개선

머신러닝 모델이 얼마나 잘 동작하는지 어떻게 설명할 수 있을까?

컴퓨터가 사물을 얼마나 잘 맞히고 틀리는지 횟수를 셀 수 있음을 8장에서 배
웠다.

참 양성 오리가 있다고 컴퓨터가 생각한 타일에 실제로 오리가 있는 경우

거짓 양성 오리가 있다고 컴퓨터가 생각한 타일에 실제로 오리가 없는 경우

참 음성 오리가 없다고 컴퓨터가 생각한 타일에 실제로 오리가 없는 경우

거짓 음성 오리가 없다고 컴퓨터가 생각한 타일에 실제로 오리가 있는 경우

이 숫자를 사용해 혼동 행렬을 만들어 머신러닝 모델의 정확도와 재현율, 정밀
도를 계산할 수 있다.

NOTE 이 숫자를 계산하거나 혼동 행렬을 만드는 방법을 잊었다면 8장 182쪽
의 '프로젝트 검토 및 개선' 절을 참조한다.

예를 들어, 그림 9-24의 평가용 이미지를 보자.

그림 9-24 두 개의 타일에 오리가 있다고 인식한 평가용 이미지

오리는 이미지 왼쪽 위의 3개 타일에 걸쳐 있다. 머신러닝 모델은 3개의 타일 중 2개만 인식했으며 1개의 타일을 인식하지 못했다. 따라서 혼동 행렬은 다음과 같다.

참 양성	거짓 양성
2	0
거짓 음성	참 음성
1	9

이 혼동 행렬에서의 측도는 다음과 같다.

정밀도: 100%

(머신러닝 모델이 오리를 봤다고 생각했다면 거기에는 오리가 있다.)

재현율: 66.67%

(머신러닝 모델은 오리가 있는 3개의 타일 중 2개만 찾았다.)

정확도: 91.67%

(머신러닝 모델은 전체 12개의 정답 중 11개만 맞혔다.)

이 측도를 정말로 신뢰하려면 몇 가지 다른 배경을 포함한 더 큰 표본 데이터가 필요하다.

평가를 다섯 번 수행한 전체 결과는 다음과 같다.

참 양성	거짓 양성
9	0
거짓 음성	참 음성
6	45

정밀도: 100%

재현율: 60%

정확도: 90%

이 값을 사용하면 머신러닝 모델의 성능을 더 의미 있게 설명할 수 있다.

적은 개수의 훈련 데이터만으로 훈련한 모델은 매우 정밀한 것 같다(오리를 찾았다면 항상 정확하다). 그러나 가끔 대상을 찾지 못하기도 한다.

우리는 대상을 찾지 못하는 정밀한 모델precise model을 재현율보다 정밀도가 높은 모델로 종종 설명한다. 대상을 잘못 인식하면 안 되는 중요한 프로젝트에서 정밀도를 사용한다.

반대로 대상을 모두 다 찾아내는 것이 중요하며, 가끔 찾지 못해도 상관없는 프로젝트에서는 정밀도보다 재현율을 높이는 방식으로 머신러닝 모델을 훈련시켜야 한다.

여러분 프로젝트의 성능은 어떤가?

↻ 복잡한 이미지 인식 시스템의 실제 응용

이와 같은 이미지 인식 머신러닝 모델을 훈련한 적이 있을 것이다. 그림 9-25와 같은 사진에서 도로 표지판이나 자전거 또는 택시 사진을 클릭해 여러분이 사람임을 증명하라는 웹사이트의 요청을 받은 적이 있을 것이다.

그림 9-25 | 머신러닝 모델 훈련 돕기

CAPTCHA[1]라는 이런 종류의 이미지 인식 응용은 거리에서 다른 사물을 찾는 이미지 인식 시스템을 위해 많은 훈련 예제 데이터를 수집하기 위한 좋은 방법

1　Completely Automated Public Turing test to tell Computers and Humans Apart(자동 계정 생성 방지 기술, 自動計定生成防止技術): 주로 웹사이트 회원 가입 절차에서 사용자가 사람인지 컴퓨터인지를 판별하기 위한 시도 응답 인증 방식(challenge-response authentication mechanism). 자동 계정 생성 방지 기술(캡차 인증)은 컴퓨터가 구별할 수 없는 찌그러진 문자나 단번에 인식하기 어려운 숫자 등을 문제로 내 사람만 캡차 시스템을 통과할 수 있게 만든다. 캡차는 초기부터 무료로 제공됐다. 캡차는 이용이 많아지며 모습도 진화했는데, 시각장애인을 위해 소리로 문자를 읽어주는 오디오 캡차도 있다. 소리에 임의의 문자 음과 잡음을 섞어 프로그램이 아닌 사람만이 테스트를 통과하도록 한다. 이 밖에도 간단한 계산식을 이용해 문제를 내거나 한글을 섞어 해외에서의 악성적인 이용을 막는 캡차도 있다.(출처: 정보통신용어사전)

이 될 수 있다. 이 방법이 자율주행 자동차 개발에 도움이 될까?

여기서 기본 아이디어는 9장을 시작하면서 설명했다. 큰 그림에서 작은 사물을 찾으려면 큰 그림을 작은 타일로 자르고 해당 개체를 인식하도록 훈련시킨 머신러닝 모델로 각 타일을 개별적으로 평가한다.

여러분은 직접 머신러닝 모델을 훈련해봤기에 이 기술에 대한 문제점을 느꼈을지도 모르겠다. 예를 들어, 이 기술의 가장 큰 문제 중의 하나로 사용할 타일의 크기를 결정해야 한다. 그림 9–1에서 나무를 찾는 문제를 기억하는가?

타일의 크기를 너무 작게 하면 찾으려는 개체의 작은 부분만 보게 돼 해당 개체를 제대로 알아볼 수가 없을 것이다. 예를 들어, 머신러닝 모델은 그림 9–26을 나무로 인식하지 못할 것이다.

그림 9-26 나무 일부분이 포함된 타일

이에 반해 그림 9-27과 같이 타일의 크기를 너무 크게 하면, 나무가 아닌 그림에 너무 많은 것들이 포함돼 있어 이는 나무를 인식하도록 훈련한 머신러닝 모델이 맞닥뜨리는 문제가 된다.

그림 9-27 나무에 초점을 맞추기에는 너무 큰 타일

그림에서 찾고자 하는 개체의 크기를 알고 있다면 사용하기에 적절한 타일의 크기를 합리적으로 추정할 수 있다. 일부 시스템은 사용자에게 사용할 타일의 크기를 지정하도록 요청하기도 한다.

솔루션 중 이런 옵션이 없는 경우에는 다양한 크기의 타일을 사용해보고 그림 9-28과 같이 모델에 대한 신뢰도가 가장 높은 결과를 사용할 수 있다.

격자 크기를 제대로 정했더라도 찾고자 하는 개체가 항상 타일의 한가운데로 깔끔하게 들어맞지는 않을 수 있다(오리 찾기에서 이런 상황을 알아차렸을 것이다).

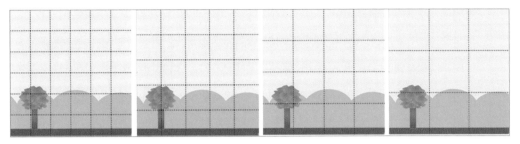

그림 9-28 | 최적의 크기를 알 수 없다면 다양한 크기의 타일을 사용해본다.

원하는 개체가 중간에 있는 타일을 찾을 가능성을 높이려면 시작 위치를 다르게 해야 한다.

이런 기술의 조합을 사용하는 시스템은 매우 효과적일 수 있다. 예를 들어 2015년 캘리포니아의 가뭄으로 인한 비상사태가 발생했을 때, 머신러닝 모델을 사용해 물 사용에 영향을 미치는 잔디밭과 수영장 및 다른 시설물을 찾아냈다.

이 프로젝트에서 했던 것처럼 캘리포니아주의 위성 이미지를 타일로 자른다는 것은 각 타일을 개별적으로 분류할 수 있음을 의미한다. 가장 큰 차이점은 캘리포니아 머신러닝 모델이 물 사용에 영향을 주는 하나의 시설이 아니라 여러 시설을 인식하도록 훈련했다는 것이다(3장에서 다양한 개체의 사진을 인식하도록 머신러닝 모델을 훈련하는 방법을 배웠다).

캘리포니아 공무원들은 이미지 인식과 지도를 결합해 주 전역에 걸친 물 사용에 따른 영향을 빠르게 알 수 있었다. 캘리포니아는 매우 큰 주이므로 인구조사나 설문조사를 수동으로 진행한다면 매우 오랜 시간이 소요된다. 머신러닝은 유용한 추정치를 빠르고 효율적으로 계산하는 방법이며, 비상시에는 속도와 효율성이 매우 중요하다.

기업에서도 머신러닝 이미지 인식 기술을 정기적으로 사용한다. 예를 들어 드론은 건물이나 지붕, 다리, 태양전지판, 배관 등의 위로 비행하면서 높은 해상도의 사진을 찍을 수 있다. 이런 사진을 타일로 나눈 다음 손상이나 잘못된 유지 관리, 그리고 수리의 징후를 인식하도록 훈련시킨 머신러닝 모델로 평가한다. 9장의 프로젝트와 같은 원칙을 기반으로 하는 자동화된 이미지 인식 시스템은 (다리와 건물 검사를 위한) 토목공학이나 (건강하거나 병든 식물과 작물 인식을 위한) 농업 또는 (호주에서 머신러닝을 사용해 공중에서 상어를 인식할 수 있는 구명 드론이 운영되는 것처럼) 공공 안전 등 다양한 분야에 사용되고 있다.

⤵ 9장에서 배운 내용

9장에서는 큰 장면의 일부인 개체를 인식하도록 머신러닝 모델을 훈련시켰다. 이 프로젝트는 지금까지 했던 프로젝트 중에서 가장 복잡하지만 이미지 인식 시스템이 얼마나 복잡하게 만들어지는지 알 수 있었다. 복잡한 작업을 간단한 작업으로 나누는 방법(예를 들어 타일의 크기를 정확하게 선택하는 것)과 같이 이런 시스템을 훈련시키는 데 필요한 몇 가지 문제를 알아봤으며, 해당 문제를 풀기 위한 몇 가지 힌트도 얻었다. 이런 복잡한 유형의 머신러닝 시스템을 사용하는 몇 가지 응용 프로그램과 해당 응용 프로그램을 사용하는 분야도 살펴봤다.

10장에서는 널리 사용되는 머신러닝의 또 다른 응용 방법인 스마트 비서를 알아보도록 한다.

10

스마트 비서

10 장에서는 일반적인 가정용 머신러닝 사용 사례를 살펴본다. 여러분이 지시해봤을 시리^{Siri}나 빅스비^{Bixby}, 알렉사^{Alexa}, 또는 구글 홈^{Google Home}과 같은 스마트 비서^{smart assistant}는 알람 설정이나 타이머 시작, 음악 재생과 같은 간단한 일을 수행할 수 있다.

스마트 비서는 텍스트의 의미를 인식하도록 훈련시킨 머신러닝 시스템이다. 우리는 문장을 입력했을 때 문장의 의미를 인식하도록 컴퓨터를 훈련시키는 방법을 배웠다. 컴퓨터가 해당 문장의 의미를 이해할 수 있다면 컴퓨터는 여러분이 어떤 일을 시켰는지 알 수 있다.

텍스트의 의도를 인식해 텍스트를 분류(의도 분류 intent classification)하는 프로그램을 만들기 위해 인식해야 할 명령을 유형별로 많은 데이터를 수집한 다음 머신러닝을 사용해 모델을 훈련시킨다.

지금까지 수행한 프로젝트를 통해 여러분은 이미 의도 분류의 분류 classification 에 익숙할 것이다. 예를 들어, 메시지를 칭찬이나 흉으로 분류할 수 있으며, 신문 머리기사를 타블로이드판 머리기사나 일반 신문 머리기사로 분류할 수 있다. 컴퓨터는 글쓰기에 대한 일부 범주를 알고 있으며, 어떤 텍스트를 입력하면 컴퓨터는 해당 메시지를 분류하거나 텍스트의 범주를 알아내려 한다. 우리가 텍스트를 분류하는 능력을 사용해 텍스트의 의도를 인식하므로 의도라고 한다.

의도 분류는 우리가 자연스럽게 상호작용할 수 있는 컴퓨터 시스템 구축에 유용하다. 예를 들어, 우리가 컴퓨터에게 '불을 켜'라고 말하는 의도는 불이 들어오도록 스위치를 켜는 것을 의미한다. 이런 것을 자연어 인터페이스 natural language interface라고 한다. 다시 말해, 스위치를 눌러 불을 켜는 대신에 자연어(컴퓨터용으로 개발된 언어가 아니라 사람들 사이에서 자연스럽게 진화한 언어)를 사용해 그 의도를 전달한다.

컴퓨터는 우리가 선택한 단어의 패턴과 명령을 구사하는 방식, 특정 유형의 명령을 조합하는 방법, 짧은 명령어와 긴 명령을 사용하는 경우 등 우리가 제공하는 예제 데이터의 패턴을 학습한다.

10장에서는 여러분의 명령을 인식해 지시를 수행하는 가상의 스마트 비서를 만든다(그림 10-1 참조).

그림 10-1 스크래치에서 스마트 비서 만들기

이제 시작해보자!

⟳ 프로젝트 만들기

먼저 선풍기fan와 전등lamp 두 개의 장치를 켜거나turn on 끄라는turn off 명령을 인식하도록 머신러닝 모델을 훈련시킨다.

머신러닝 없이 프로젝트 코드 작성하기

7장의 실습처럼 머신러닝 모델을 사용하지 않는 인공지능 프로젝트의 코드를 작성해보면 어떤 차이가 있는지 알 수 있다. 규칙 기반 방식과 머신러닝 방식의 차이를 잘 알고 있다면 이 단계를 건너뛰고 바로 머신러닝을 사용할 수 있다.

1. 새로운 스크래치 프로젝트를 시작하기 위해 https://machinelearning forkids.co.uk/scratch3/로 이동한다.

2. 그림 10-2의 화면 상단에서 **프로젝트 템플릿**을 클릭한다.

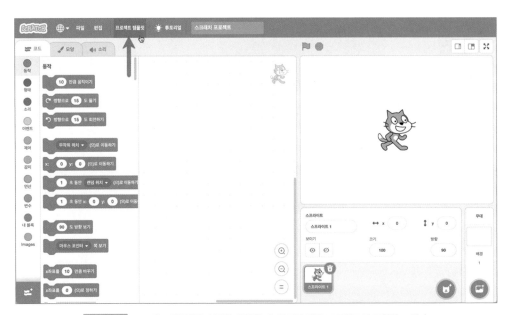

그림 10-2 프로젝트 템플릿은 시간을 절약할 수 있도록 샘플 프로젝트를 포함하고 있다.

3. 스마트 교실 템플릿을 클릭한다.

4. 그림 10-3의 코드를 작성한다.

규칙을 사용하는 스마트 비서 코드 작성하기

이 스크립트는 명령을 입력받는다. '선풍기(또는 전등)를 켜(또는 꺼)'라는 명령을 입력하면 스크래치는 명령어에 해당하는 애니메이션을 재생한다. 한번 해보자.

5. 녹색 깃발을 클릭해 프로젝트를 실행해본다. '선풍기를 켜' 명령을 입력해 선풍기가 실제로 돌아가는지 확인한다.

입력한 명령어의 띄어쓰기가 틀리면 어떻게 될까? 예를 들어, '선풍기를 켜 주세요'와 같이 문구를 바꾸면 어떻게 될까?

예를 들어, '매우 덥네, 바람 좀 쐬고 싶어!'와 같이 선풍기라는 단어를 사용하지 않으면 어떻게 될까?

이렇게 하면 왜 안 되는 걸까?

'선풍기를 켜'와 '선풍기를 꺼', '전등을 켜', '전등을 꺼'와 같이 네 가지 명령어와 함께 작동하는 다른 문구를 사용할 수 있도록 스크립트를 작성할 수 있을까?

1장에서 인공지능 시스템은 머신러닝으로만 만들 수 있다고 하지 않았다. 여기서는 머신러닝 대신 규칙 기반 방법을 사용해 인공지능 프로젝트를 만들었다. 이와 같은 다른 기술을 사용해보고 부족한 부분을 살펴보면 머신러닝을 많은 프로젝트에서 사용하는 이유를 더 잘 알 수 있다.

모델 훈련시키기

1. 새로운 머신러닝 프로젝트를 만들고 프로젝트의 이름을 Smart Class room스마트 교실로 한 다음, 텍스트 인식 방법에서 원하는 언어로 학습하도록 설정한다.

   NOTE 머신러닝 프로젝트를 만드는 방법을 모른다면 2장의 41쪽 '새로운 머신러닝 프로젝트 만들기' 절을 참고한다.

2. 그림 10-4와 같이 **훈련**을 클릭한다.

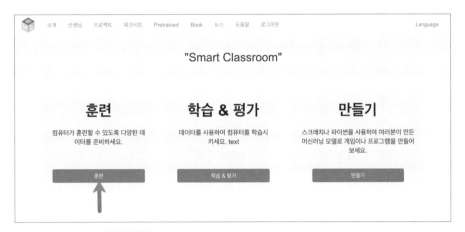

그림 10-4 첫 번째 단계는 훈련 예제 데이터를 수집하는 것이다.

3. 그림 10-5의 화면에서 **새로운 레이블 추가**를 클릭한다. 그리고 나서 4개의 훈련 버킷을 만들고 버킷의 이름을 각각 fan on^{선풍기 켜기}과 fan off^{선풍기 끄기}, lamp on^{전등 켜기}, lamp off^{전등 끄기}로 한다. 밑줄은 자동으로 추가된다.

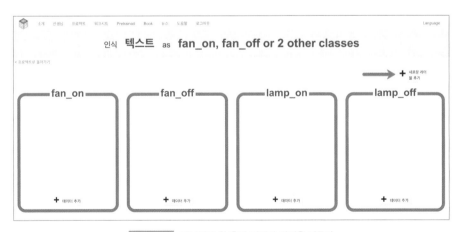

그림 10-5 인식해야 할 훈련 명령어 버킷을 만든다.

4. 그림 10-6처럼 fan_on 버킷에서 **데이터 추가**를 클릭한 다음, 선풍기를 켜라는 명령어들을 입력한다.

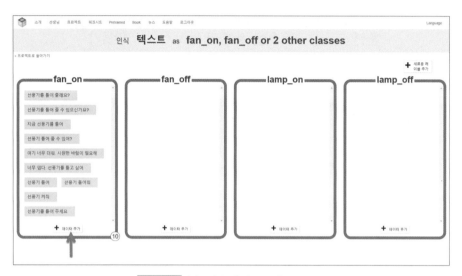

그림 10-6 '선풍기 틀기' 명령어들을 수집한다.

명령어는 "선풍기 틀어"와 같이 짧을 수도 있고, "지금 선풍기를 틀어"와 같이 길 수도 있다.

"선풍기를 틀어 줄 수 있으신가요?"와 같이 예의 바른 표현이거나 "선풍기 틀어"와 같이 명령조가 될 수도 있다.

명령어는 "선풍기를 틀어 줄 수 있어?"와 같이 선풍기와 틀다 단어가 포함된 문장을 사용할 수도 있으며 "여기 너무 더워. 시원한 바람이 필요해"와 같이 두 단어를 모두 사용하지 않을 수도 있다.

그림 10-6과 같이 생각할 수 있는 대로 많은 표현을 입력한다. 최소 5개의 명령을 입력해야 하지만 여기서는 10개를 입력했다.

5. 그림 10-7처럼 fan_off 버킷에서 **데이터 추가**를 클릭한다.

이번에는 선풍기를 끄라고 할 때 표현할 수 있는 명령을 최대한 많이 입력한다. 최소 5개의 명령을 입력해야 한다.

선풍기를 끄라는 명령을 학습하도록 사용할 수 있는 표현들은 다음과 같다. '선풍기'나 '끄다' 단어를 사용하지 않는 예도 추가한다.

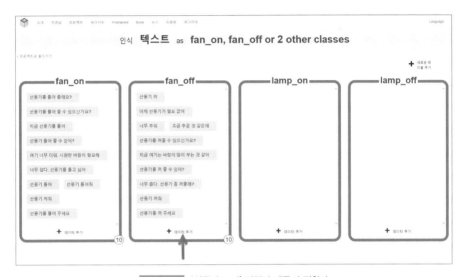

그림 10-7 '선풍기 끄기' 명령어 예를 수집한다.

6. 나머지 두 버킷에도 이 과정을 반복해 그림 10–8과 같이 4개의 명령어에 최소 5개의 예를 입력한다.

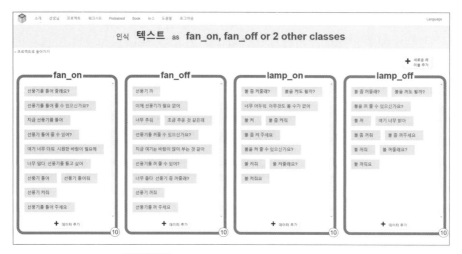

그림 10-8 스마트 비서 프로젝트를 위한 훈련 데이터

7. 화면 왼쪽 위에 있는 **프로젝트로 돌아가기**를 클릭한다.

8. **학습 & 평가**를 클릭한다.

9. 그림 10–9에서 **새로운 머신러닝을 훈련시켜보세요**를 클릭한다.

   컴퓨터는 여러분이 입력한 훈련 예를 사용해 4개 명령을 인식하도록 학습한다. 학습은 1분 정도 걸린다.

< 프로젝트로 돌아가기

무엇을 하고 있나요?

다음의 문자를 컴퓨터가 인식하기 위해 여러분 교실 친구들은
데이터를 모았습니다. fan_on, fan_off or 2 other classes.

반 친구들이 수집한 데이터:
- 10 examples of fan_on,
- 10 examples of fan_off,
- 10 examples of lamp_on,
- 10 examples of lamp_off

다음은?

컴퓨터를 학습시킬 준비가 되었나요?

머신러닝 모델 만들기 시작 버튼을 눌러 여러분 교실 친구들이
모은 데이터로 모델을 만들어보세요.

(혹은 여러분 교실 친구들과 훈련 페이지로 이동하여 더 많은
데이터를 모아보세요.)

트레이닝 컴퓨터 정보:

새로운 머신 러닝 모델을 훈련시켜보세요

그림 10-9 스마트 비서의 머신러닝 모델을 훈련시킨다.

10. 머신러닝 모델을 훈련시킨 다음, 새로운 명령을 얼마나 잘 인식하는지
알아보기 위해 모델을 평가한다. 그림 10-10과 같이 텍스트 상자에 명
령을 입력한다.

 훈련 버킷에 포함되지 않은 명령어로 모델을 평가해야 한다. 이전에 보
지 못한 새로운 명령을 얼마나 잘 인식하는지 평가하는 것이지 이미 주
어진 명령을 얼마나 잘 기억하는지를 평가하려는 것이 아니다.

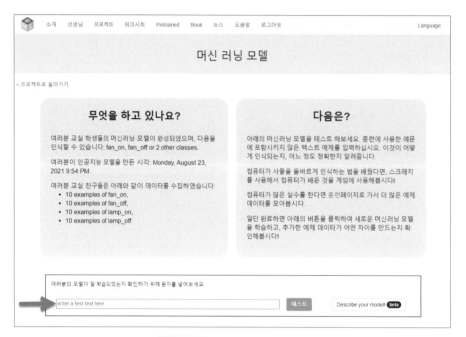

< 프로젝트로 돌아가기

그림 10-10 머신러닝 모델 평가하기

모델의 성능이 나쁘다면 훈련 단계로 되돌아가 컴퓨터가 인식하지 못하는 명령어 예를 더 많이 추가한다. 이는 선생님이 학생이 틀린 문제로 학생의 이해력을 높일 수 있도록 학생과 함께 복습해야 할 과목을 파악하는 것과 같다.

훈련 예를 더 추가했다면 학습 & 평가 단계에서 새로운 머신러닝 모델을 훈련시킨 후 컴퓨터가 명령을 더 잘 인식하는지 다시 평가한다.

머신러닝으로 코딩하기

이제 명령을 인식할 수 있는 머신러닝 모델을 사용할 것이므로 전에 사용했던 규칙 대신 머신러닝을 사용하도록 이전 프로젝트 코드를 다시 작성한다.

1. 화면에서 왼쪽 위의 **프로젝트로 돌아가기**를 클릭한다.

2. **만들기**를 클릭한다.

3. **스크래치 3**을 클릭한 다음, **스크래치 3 열기**를 클릭해 새 스크래치 창을 연다.

   그림 10-11과 같이 도구 모음에 여러분의 머신러닝 모델을 표시하는 새로운 블록이 표시된다.

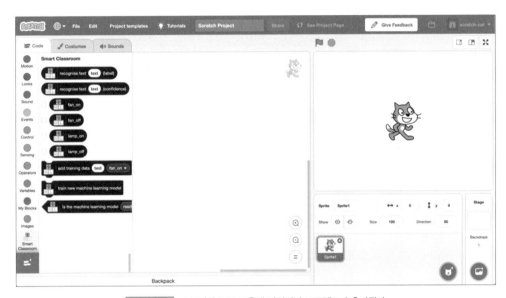

그림 10-11 스크래치 도구 모음에 머신러닝 프로젝트가 추가된다.

4. 스크래치 창의 상단 메뉴에서 **프로젝트 템플릿**을 클릭한 다음, Smart Classroom 템플릿을 선택한다.

5. 그림 10-12의 스크립트를 작성한다.

   이 스크립트는 명령을 입력하면 머신러닝 모델을 사용해 명령을 인식하고 명령을 수행한다.

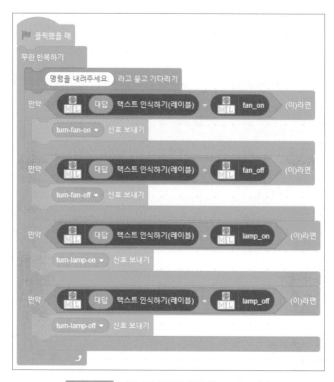

머신러닝 방식을 사용하는 스마트 비서

프로젝트 평가하기

녹색 깃발을 클릭한 다음 다양한 명령을 입력해 프로젝트를 평가한다. 이제 머신러닝을 사용하지 않는 버전의 스마트 비서와 비교해 머신러닝 기반 스마트 비서가 어떻게 작동하는지 살펴본다.

↻ 프로젝트 검토 및 개선

여러분의 명령을 이해하고 수행할 수 있는 아마존 알렉사나 애플 시리의 가상 버전인 여러분만의 스마트 비서를 만들었다. 스마트 비서의 행동 방식을 개선하려면 어떻게 해야 할까?

모델의 신뢰도 점수 사용하기

학습 & 평가 단계에서 모델을 평가할 때 표시된 신뢰 점수를 확인해야 한다. 신뢰도 점수는 모델이 명령을 어느 정도의 신뢰도로 인식했는지를 알려준다.

이제 학습 & 평가 단계로 돌아가 컴퓨터가 인식하도록 학습시킨 4개의 명령에 해당하지 않는 문장을 입력한다.

예를 들어, 그림 10-13과 같이 "프랑스의 수도는 어디?"를 입력한다.

그림 10-13 스마트 비서 평가하기

이 머신러닝 모델은 위의 문장을 "fan_off(선풍기 끄기)"로 인식했지만, 해당 문장의 분류 신뢰도는 12%다. 머신러닝 모델이 명령을 제대로 인식하지 못했다면 이렇게 신뢰도 점수로 알려준다.

"프랑스의 수도는 어디?"라는 문장은 머신러닝 모델에 사용한 훈련 데이터와는 다른 형태의 문장이다. 이 질문은 훈련에 사용한 데이터의 패턴과 일치하지 않는다.

따라서 이 질문은 훈련한 네 가지 명령 중 하나로 자신 있게 인식할 수 없다는 것을 의미한다. 머신러닝 모델의 신뢰도는 0보다 크겠지만 여전히 낮을 것이다 (신뢰도 점수가 낮다면 더 많은 데이터로 모델을 훈련시켜야 한다).

선풍기나 전등과는 관련이 없는 다른 질문이나 명령으로 실험을 해보고 네 가지 명령어를 인식할 때 표시되는 신뢰도 점수와 비교해본다. 머신러닝 모델이 명령을 정확하게 인식했을 때 신뢰도 점수는 어떤가? 머신러닝 모델의 신뢰도 점수에 대한 감을 잡았다면 스크래치 프로젝트에 신뢰도 점수를 사용할 수 있다. 그림 10-14의 스크립트로 업데이트한다.

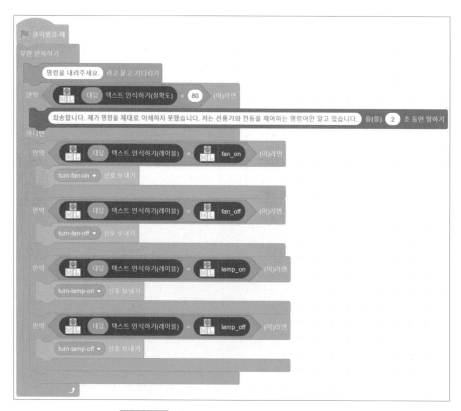

그림 10-14 | 머신러닝 프로젝트에 신뢰도 점수 사용하기

이제 머신러닝 모델이 명령을 정확하게 이해했다는 신뢰도 점수가 80% 미만이면, 화면에 2초 동안 "죄송합니다."라는 문구가 표시되고 명령은 수행되지 않는다. 여러분의 머신러닝 모델에 맞게 신뢰도 점수 80을 수정한다.

이 프로젝트를 개선하기 위해 더 할 수 있는 일이 있을까?

글자 입력 대신 음성 입력 사용하기

실제 스마트 비서처럼 동작하도록 프로젝트에 글자 입력 대신 음성 입력을 사용할 수 있다.

도구 모음 맨 아래에 있는 확장 기능 추가하기(+기호가 있는 두 개의 블록 모양) 아이콘을 클릭해 음성 인식 기능을 추가한 다음, 그림 10-15의 스크립트로 업데이트한다.

> **NOTE** 스크래치의 텍스트 음성 변환 기능은 이 코드를 작성할 당시에는 구글 크롬 웹 브라우저에서만 사용할 수 있었다.

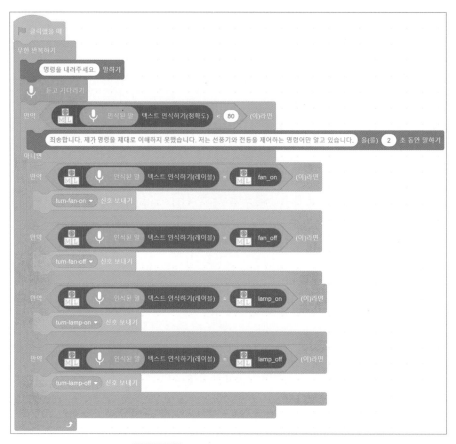

그림 10-15 스마트 비서에 음성 인식 추가하기

이 프로젝트를 개선하기 위해 더 할 수 있는 일이 있을까?

훈련 데이터 수집하기

머신러닝은 규칙보다 코드로 작성하는 것이 빠르므로 텍스트 인식에 자주 사용된다. 하지만 모델을 제대로 훈련시키려면 엄청난 훈련 데이터가 필요하다. 실제 환경에서 이런 시스템을 구축하려면 단순히 지금까지 해왔던 것처럼 훈련 데이터를 직접 입력하는 것보다 더 효율적인 방법이 필요하다. 예를 들어

한 사람에게 100개의 예를 만들어 달라고 요청하는 것보다 100명이나 1,000명, 또는 10,000명에게 하나씩 만들어 달라고 요청하는 편이 더 좋다.

머신러닝의 성능이 좋지 않다면 훈련 버킷에 더 많은 데이터를 추가할 수 있다. 예를 들어, 머신러닝 모델의 신뢰도 점수가 매우 낮다면 어떻게 해야 할까? 또는 누군가 약간 다른 방식으로 계속 비슷한 명령을 한다면 어떻게 해야 할까? 이는 머신러닝 모델이 명령을 제대로 인식하지 못하거나 사람이 원하는 것을 수행하지 못한다는 의미이므로 훈련에 도움이 된다. 어떤 사람이 엄지손가락으로 "I'm not happy(저는 행복하지 않아요)" 버튼을 클릭한다면 어떻게 될까? 사람들이 어떤 것을 하기 위해 버튼을 누르면 어떻게 될까? 사람들이 점점 더 짜증 나는 소리를 한다면 어떻게 될까?

무언가 제대로 작동하지 않는다고 추측할 방법은 여러 가지가 있다. 그럴 때마다 데이터를 수집해 훈련 버킷에 추가하면 새로운 머신러닝 모델은 조금 더 잘 작동할 것이다.

많은 사람으로부터 훈련 데이터를 수집한 후, 사용자의 반응을 보는 것과 같이 다양한 기술을 사용하면 여러분의 의도를 이해할 수 있는 컴퓨터와 장치를 만드는 데 도움이 된다.

⤷ 10장에서 배운 내용

10장에서는 텍스트의 의미를 인식하기 위해 머신러닝을 사용하는 방법과, 명령을 이해하고 수행하는 컴퓨터 시스템을 만들기 위해 머신러닝을 사용하는 방법을 알아봤다.

이 프로젝트에서는 아마존 알렉사나 구글 홈, 마이크로소프트 코타나, 삼성 빅스비, 애플 시리와 같은 스마트 비서를 가능하게 하는 머신러닝 기술을 사용했다. 자연어 인터페이스를 사용하면 화면이나 버튼을 누르지 않고도 언어를 사용해 우리가 원하는 것을 기기에 대고 말할 수 있다.

스마트폰에 시간을 묻거나 알람 및 타이머를 설정하거나 좋아하는 노래를 재생하려면 컴퓨터가 해당 명령을 분류해야 한다. 그러기 위해선 여러분이 말한 일련의 단어를 입력받고 그 의도를 인식해야 한다.

스마트폰과 스마트 비서 제조업체는 사용자가 사용할 수 있는 가능한 모든 명령어를 분류하고 그 의미를 인식하도록 머신러닝 모델을 훈련시킨다. 그런 다음 각각의 명령어에 대해 사람들이 내릴 수 있는 명령 예시를 수집했다.

이 프로젝트와 현실 환경에서, 이런 과정은 다음과 같은 순서로 작동한다.

1. 사람이 내릴 수 있는 명령어를 예측한다.
2. 각각의 명령에 대한 예를 수집한다.
3. 예시를 사용해 머신러닝 모델을 훈련시킨다.
4. 컴퓨터가 각 명령을 인식하고 작업을 수행하도록 스크립트나 코드를 작성한다.

실제 스마트 비서를 만들려면 4개의 명령이 아니라 수천 가지 명령으로 위 과정을 반복해야 한다. 그리고 각 명령에 대해 수천, 아니 수만 개의 예가 필요하다.

11장에서는 이 기능을 사용해 질문에 답할 수 있는 프로그램을 만들어본다.

11
챗봇

 장에서는 의도 분류intent classification, 즉 텍스트의 의미(의도)를
인식하는 머신러닝 시스템을 구축하는 방법을 배웠다. 의도
분류의 일반적인 용도 중 한 사례, 즉 우리의 말을 인식해 명령을 수행하
는 스마트 비서를 만들었다.

11장에서는 텍스트의 의미를 이해하는 머신러닝 모델을 사용해 질의응답^{QA,}
Question Answering 시스템을 구축하는 방법을 다룬다. 질의응답 시스템은 질문을
인식하고 자동으로 문서에서 답을 검색해 응답한다.

검색 엔진은 웹 페이지 목록을 보여주지만 질의응답 시스템은 특정 질문
에 대한 특정 답변을 제공한다. 이는 질문의 의도와 답이 있는 웹 페이지나
문서의 의미를 잘 이해해야 하므로 더 도전적인 문제다. 예를 들어, "Who
was President Cleveland's wife^{클리브랜드 대통령의 부인은 누구입니까}?"라는 질문의 정답은
"Frances Folsom^{프랜시스 폴섬}"이지 미국 대통령의 전기(傳記)가 포함된 문서 목록이
아니다.

질의응답은 수년간 인공지능 연구의 목표이자 활동 분야였다. 예를 들어, 미국
국립표준기술연구소^{NIST}는 1999년부터 매년 질의응답^{QA} 대회를 개최하고 있으
며, 이 대회에서 대학과 기업들이 가장 많은 질문에 올바르게 대답할 수 있도
록 컴퓨터 시스템을 만들어 경쟁하고 있다.

질의응답 시스템으로 가장 널리 알려진 것은 아마도 IBM의 왓슨^{Watson}일 것
이다. 1장에서 언급했던 것처럼 왓슨은 미국 텔레비전 퀴즈쇼인 지오파디에서
두 명의 우승자를 이겼다. 지오파디는 매우 다양한 주제에 대한 복잡한 질문
을 하는 것으로 알려져 있으므로 컴퓨터에는 몹시 어려운 도전 과제라고 할 수
있다.

사람들 간의 대화를 모방하는 프로그램인 챗봇^{Chatbots}은 여러 가지 이유로 인해
질의응답 시스템보다 더 간단한 작업이라고 여겨진다. 챗봇은 일반적으로 매
우 구체적인 단일 주제의 질문에 답하도록 만들어지는 반면, 질의응답 시스템
은 모든 주제의 질문에 답해야 한다.

또한 챗봇은 미리 답을 정해 응답하도록 만들어진다. 일반적으로 간단한 챗봇
은 스스로 답을 찾을 수 없다. 복잡한 챗봇에는 후속조치나 질문을 명확하게

만들기 위한 스크립트가 들어 있을 수 있지만 기본적인 원리는 같다.

챗봇은 널리 사용되고 있는데, 제품과 서비스에 대한 고객의 질문에 답해야 하는 고객 서비스에 주로 사용되고 있다. 자주 묻는 질문[FAQ, Frequently Asked Questions]에는 빠르고 효율적으로 답변할 수 있으며, 더 복잡한 질문은 신속하게 고객 서비스 담당자에게 전달된다.

피자 주문과 의류 및 패션 액세서리 추천, 날씨에 관한 질문, 은행 계좌 관리, 회의 및 약속 관리, 식당 예약, 건강 관리를 위한 도우미 등 관련 웹사이트와 스마트폰 앱에서 챗봇과 가상 비서를 사용하고 있다.

이 프로젝트에서는 그림 11-1과 같이 여러분이 선택한 주제와 관련한 질문에 답하는 챗봇을 만들어 훈련시킨다. 프로젝트는 다음과 같이 진행된다.

1. 사용자가 물어볼 수 있는 질문을 예측한다.
2. 각 질문에 대한 답의 예를 수집한다.
3. 예를 사용해 머신러닝 모델을 훈련한다.
4. 컴퓨터가 질문을 인식했을 때 제공해야 할 답변을 준비한다.

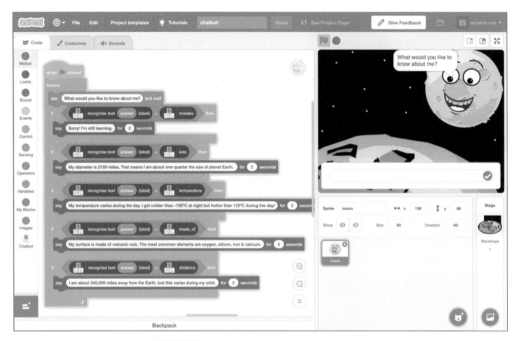

챗봇은 머신러닝을 사용해 질문에 답한다.

이제 시작해보자!

↷ 프로젝트 만들기

어떤 질문에 답할 챗봇을 만들지 결정한다. 여러분이 좋아하는 주제를 선택해
도 되지만, 선택하기 어렵다면 다음과 같은 몇 가지 주제를 추천한다.

- ▶ 좋아하는 책
- ▶ 좋아하는 TV 쇼
- ▶ 좋아하는 스포츠 팀
- ▶ 좋아하는 배우나 작가 또는 음악가
- ▶ 우주, 행성, 태양계

- ▶ 공룡
- ▶ 고대 로마나 바이킹 시대와 같은 역사 시기

이 프로젝트의 스크린샷을 위해 여기서는 달에 관한 질문에 답하는 챗봇을 만들었다.

캐릭터 준비하기

스크래치 사이트인 https://machinelearningforkids.co.uk/scratch3/로 이동한 다음, 질의응답 챗봇용 배경과 캐릭터를 추가한다.

주제에 어울리는 장면을 만든다. 예를 들어, 로마 제국에 관한 질문에 답하는 챗봇을 만든다면 전쟁터에 있는 로마의 100인 대장[1]을 배경으로 사용할 수 있다.

여기서는 달에 관한 챗봇이므로 그림 11-2와 같이 우주를 주제로 한 배경을 그렸다.

> **NOTE** 새로 배경을 만드는 방법은 3장 61쪽 6단계를 참고한다. 스프라이트를 새로 만드는 방법은 5장 102쪽의 9단계를 참고한다.

---

[1] 고대 로마 군대에서 병사 100명을 거느리던 지휘관 – 옮긴이

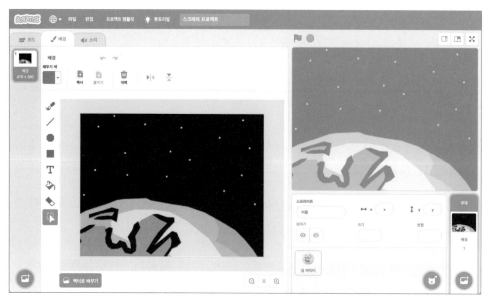

그림 11-2 챗봇 캐릭터에 어울리는 배경을 만든다.

여기서는 그림 11-3과 같이 달 스프라이트를 만들고 눈과 입을 그려 넣었다.

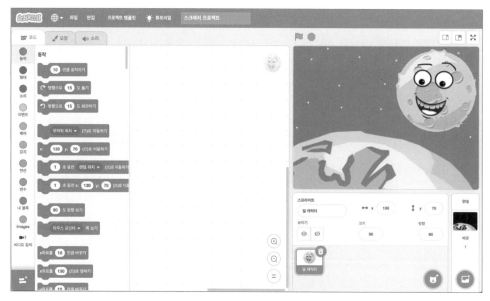

그림 11-3 챗봇 캐릭터용 스프라이트를 만든다.

배경이나 스프라이트를 직접 그리기 싫다면 배경 선택하기나 스프라이트 선택하기를 클릭한 다음 기본 배경을 선택하거나, 스프라이트 업로드하기 또는 배경 업로드하기를 클릭해 인터넷의 사진을 사용할 수도 있다. 학교나 기업에 관한 챗봇을 만든다면 학교나 기업의 로고를 사용할 수도 있다.

챗봇 장면을 만들었다면 나중에 필요할 수도 있으니 스크래치 프로젝트를 저장해둔다. 프로젝트를 저장하는 방법이 기억나지 않는다면 서론 28쪽의 '코딩 작업 저장하기'를 참고한다.

모델 훈련시키기

1. 새로운 머신러닝 프로젝트를 만들고 프로젝트의 이름을 Chatbot[챗봇]로 한 다음, 한국어로 텍스트 인식 방법을 학습하도록 설정한다.

> **NOTE** 머신러닝 프로젝트를 만드는 방법을 모른다면 2장의 41쪽 '새로운 머신러닝 프로젝트 만들기' 절을 참고한다.

2. 그림 11-4의 **훈련**을 클릭한다.

그림 11-4 훈련은 머신러닝 프로젝트의 첫 번째 단계다.

3. 선택한 주제에 관해 사람들이 가장 많이 묻는 말을 생각해본다.

   이 프로젝트의 주제는 달이므로 사람들은 달이 얼마나 큰지 물을 것 같다.

   첫 번째 질문을 선택했다면 그림 11-5의 화면에서 **새로운 레이블 추가**를 클릭한다. 그러고 나서 해당 질문을 나타낼 수 있는 한두 단어를 입력한다. 예를 들어, 여기서는 훈련 버킷 레이블을 size^{크기}로 입력했다.

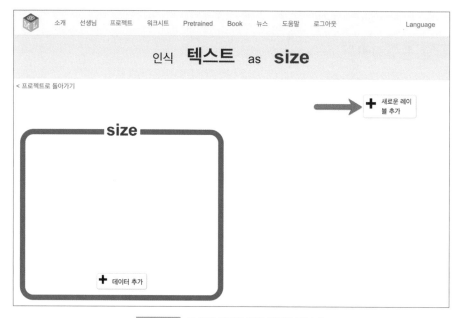

그림 11-5 첫 번째 질문을 위한 버킷을 만든다.

4. 그림 11-6처럼 **데이터 추가**를 클릭하고 주제와 관련된 질문을 입력한다.

   사람들이 주제에 관한 질문으로 사용할 표현을 다양하게 생각해본다. 지금 당장 답변을 걱정할 필요는 없다.

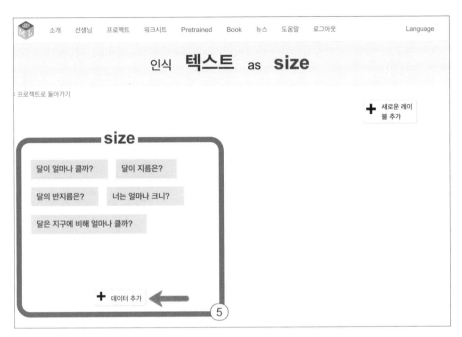

그림 11-6 첫 번째 질문에 관한 다양한 표현을 추가한다.

가능한 한 다양한 방법을 사용해 최소 5개의 질문을 입력한다. 머신러 닝 모델이 질문을 학습하기 위해 사용할 예시이므로 다양한 표현을 사 용하도록 한다.

(여기서와 같이 달 캐릭터가 달에 관한 질문에 대답하는 것처럼) 챗봇의 캐릭터가 질문의 주제처럼 보인다면 "너는 얼마나 크니?"와 같이 캐릭터에게 묻 는 질문을 추가해도 된다.

5. 주제에 관한 많은 유형의 질문을 만든다. 다시 **새로운 레이블 추가**를 클 릭해 각 유형의 질문에 대한 훈련 버킷을 만든다. 그런 다음, **데이터 추 가**를 클릭해 주제와 관련해 할 법한 질문들을 입력한다. 이번에도 각 버킷에 최소 5개의 질문을 입력한다.

여기서는 그림 11-7과 같이 4개의 질문 유형을 만들었다. 여러분의 프로젝트는 선정한 주제와 만들 수 있는 질문의 개수에 따라 다를 것이다.

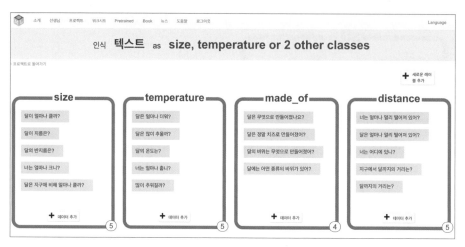

그림 11-7 다른 유형으로 할 수 있는 질문의 예를 입력한다.

선택한 주제에 관해 사람들이 가장 많이 묻는 말을 생각해보고, 사람들이 질문으로 사용할 표현을 생각해본다. 실제 머신러닝 프로젝트는 실제 고객이나 사용자가 어떤 질문을 어떻게 하는지 학습하기 위해 다양한 예를 수집한다. 예를 들어 텔레비전 설치에 관한 질문에 대답하도록 가상 비서를 훈련시키는 가게는 과거에 받았던 고객의 질문 기록을 남길 것이다. 저축 계좌에 관한 질문에 대답하도록 가상 비서를 훈련시키는 은행은 은행 웹사이트의 대화창에 입력한 고객의 질문 기록을 남길 것이다. 두 기업 모두 머신러닝 모델을 훈련시키기 위해 실제로 사람들이 사용한 질문을 예시로 사용할 수 있다.

3장에서 프로젝트가 수행해야 할 작업과 비슷한 데이터로 훈련할 때 더 좋은 결과를 보여준다는 것을 배웠다. 머신러닝 모델이 다른 동물의 사진을 인식하게 하려면 사진으로 훈련시켜야 하며 그림을 인식하게 하려면 그림으로 훈련시켜야 한다.

텍스트 머신러닝 모델 또한 비슷한 방식으로 동작한다. 사람들이 질문할 법한 표현으로 머신러닝 모델을 훈련시키면 머신러닝 모델이 대답을 더 잘할 것이다. 머신러닝 프로젝트를 위한 가장 좋은 방법은 우리가 프로젝트를 위해 질문을 만들어내기보단 기존의 사례를 찾아 사용하는 것이다.

6. 화면에서 왼쪽 위의 **프로젝트로 돌아가기**를 클릭한다.

7. 그림 11-8의 **학습 & 평가**를 클릭한다.

그림 11-8 학습 & 평가는 머신러닝 프로젝트의 두 번째 단계다.

8. 그림 11-9에서 **새로운 머신러닝을 훈련시켜보세요**를 클릭한다.

컴퓨터는 훈련 버킷에 입력한 예를 사용해 주제에 관한 질문을 인식하도록 학습한다. 훈련은 몇 분 정도 걸릴 수 있다. 컴퓨터는 질문에 사용된 단어와 질문을 표현하는 방식, 질문의 길이 등 각 훈련 버킷에 있는 질문의 공통점을 학습한다.

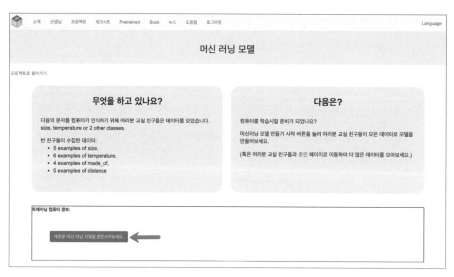

그림 11-9 질문의 예를 사용해 머신러닝 모델을 훈련시킨다.

프로젝트 준비하기

이제 캐릭터와 머신러닝 모델을 준비했으니 이 둘을 합쳐 챗봇을 만든다.

1. 화면에서 왼쪽 위의 **프로젝트로 돌아가기**를 클릭한다.

2. 그림 11-10의 **만들기**를 클릭한다.

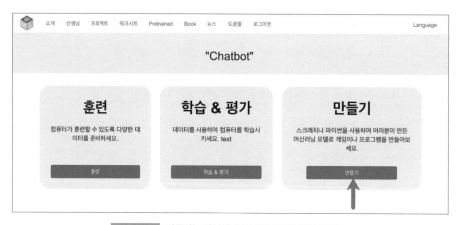

그림 11-10 만들기는 머신러닝 프로젝트의 세 번째 단계다.

3. **스크래치 3**을 클릭한 다음, **스크래치 3 열기**를 클릭해 새 스크래치 창을 연다. 도구 모음에서 Chatbot^{챗봇} 머신러닝 프로젝트에 블록이 들어 있는 것을 볼 수 있다.

4. 그림 11–11과 같이 **파일 › Load from your computer**^{저장한 파일 불러오기}를 클릭한 다음, 저장한 챗봇 프로젝트를 불러온다.

그림 11–11 앞에서 만든 프로젝트를 불러온다.

5. 그림 11–2의 스크립트를 작성한다.

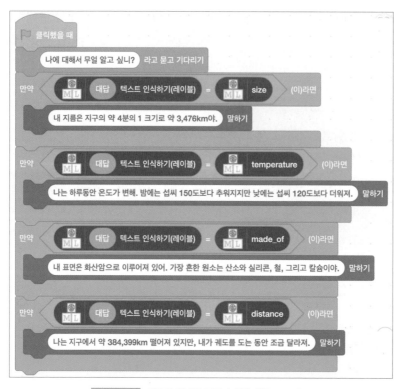

그림 11-12 간단한 챗봇을 만들기 위한 샘플 스크립트

이 스크립트는 질문을 입력받으면 머신러닝 모델을 사용해 질문을 인식한다.

여기서는 달에 관한 질문으로 머신러닝 모델을 훈련시켰기 때문에 여러분이 다른 주제를 선택했다면 스크립트가 달라야 한다. 이 스크립트의 질문이 아니라 여러분의 질문을 사용해야 한다.

또한 질문에 대한 대답을 여기서 해야 한다. 질문에 대한 대답을 모른다면 챗봇이 제공해야 할 대답을 찾아서 이 스크립트에 적어야 한다!

6. **파일 › 컴퓨터에 저장하기**를 클릭해 프로젝트를 저장한다.

프로젝트 평가하기

녹색 깃발 아이콘을 클릭하고 챗봇에 질문을 한다. 챗봇이 옳은 대답을 하는가?

⟳ 프로젝트 검토 및 개선

여러분이 선택한 주제에 관해 가장 많은 질문을 인식하고 대답할 수 있는 간단한 챗봇을 만들었다. 짝짝짝!

챗봇을 어떻게 개선할 수 있을까?

사용자가 실수를 보고할 때 대응하기와 기록하기

인공지능 시스템은 모든 것을 정확하게 이해할 수 없으므로 실수를 처리할 수 있도록 머신러닝 프로젝트를 훈련시켜 개선할 수 있다. 실수를 처리하는 좋은 방법은 머신러닝이 제공하는 결과에 누군가가 불만을 제기할 때 이를 인식하도록 머신러닝 모델을 훈련시키는 것이다.

훈련 단계로 되돌아가 mistake^{실수} 훈련 버킷을 추가한다. 그림 11-13과 같이 머신러닝 모델에 문제가 있다고 불만을 제기할 수 있는 사람들의 불평 예로 버킷을 채운다.

예를 들어, mistake 버킷에 '내가 원한 답이 아니야'를 추가한다.

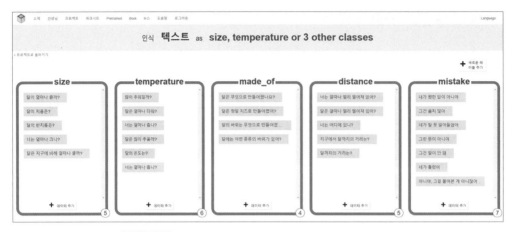

그림 11-13 모델이 실수했을 때 사용자가 불평한 데이터를 수집한다.

최소 5개의 예를 추가한 다음 학습 & 평가 단계로 되돌아가 새로운 머신러닝 모델을 훈련시킨다.

> **NOTE** mistake 버킷의 명령을 사용하기 위해서는 스크래치를 닫았다 다시 열어야 한다. 스크립트를 다시 작성하지 않도록 프로젝트를 닫기 전에 프로젝트를 저장해야 한다.

챗봇이 사용자가 불만을 제기했음을 알아차렸을 때 가장 간단한 챗봇의 대답은 사용자에게 사과하는 것이다. 그림 11-14의 스크립트로 업데이트한다.

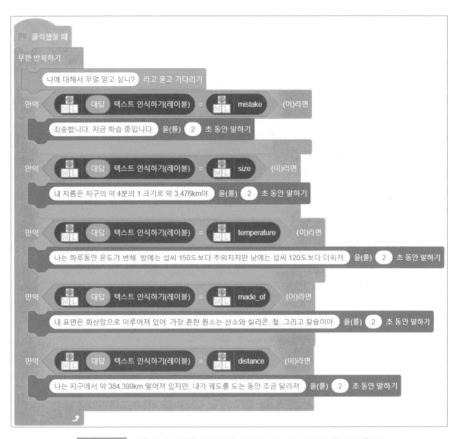

그림 11-14 사용자가 불만을 제기하면 사과하도록 스크립트를 업데이트한다.

머신러닝의 실수를 기록하도록 프로젝트를 개선할 수 있다. 예를 들어, 여기서는 (도구 모음에서 변수를 클릭한 다음, 리스트 만들기를 클릭해 이름을 mistakes로 입력해) mistakes 리스트를 새로 만들고, (변수 만들기를 클릭해 이름을 마지막 질문으로 입력해) 마지막 질문 변수를 만들어 그림 11-15의 스크립트로 업데이트했다. 사용자가 대답에 불만을 제기하면 해당 질문을 리스트에 추가한다.

챗봇이 잘못 대답한 질문을 기록한다.

"처음으로 달에 간 사람은?"이라고 물으면, 필자의 머신러닝 모델은 달을 구성하고 있는 원소로 대답했다. 그래서 다시 "그건 내가 원한 답이 아니야"라고 물으면 달에 처음 간 사람에 관한 질문이 mistakes 리스트에 추가된다.

실수를 추적하고 기록하는 방법은 실제 머신러닝 프로젝트를 개선하는 데 사용되는 일반적인 기술이다. mistakes 리스트는 다음 버전의 머신러닝 모델을 훈련시키기 위한 데이터로 사용된다.

챗봇을 개선하기 위해 더 할 수 있는 일이 있을까?

사용자가 만족하지 않을 때를 인식하기

챗봇 사용자는 머신러닝 시스템이 잘못됐다는 것을 항상 얘기해주지는 않는다. 그렇기에 챗봇이 실수할 때 알아차릴 수 있는 또 다른 방법이 있을까?

7장에서 문장의 어조와 감정을 인식하도록 머신러닝 모델을 훈련시키는 방법을 배웠다. 해당 기술을 이 프로젝트에 적용하면 사용자가 화를 내거나 짜증을 냈을 때를 인식할 수 있다.

두 개의 머신러닝 모델을 훈련한다. 하나는 (방금 했던 것처럼) 질문의 의미를 인식하는 모델이고, 다른 하나는 (7장 프로젝트와 비슷하게 "annoyed 화남"와 "not annoyed 화나지 않음"와 같이) 감정을 인식하는 모델이다. 두 번째 머신러닝 모델이 사용자가 짜증을 냈을 때를 높은 신뢰도로 인식했다면 챗봇은 질문에 대답하지 말고 사과를 해야 한다.

사용자의 어조를 감지해 필요할 때마다 사과하는 방식은 고객 서비스와 같이 대중과 소통하는 챗봇에 널리 사용되는 일반적인 기술이다. 어떤 기술이 고객의 의도를 지속적으로 이해하지 못한다면 사람들은 짜증을 낼 것이다. 나빠지는 시스템 상황을 인식하고 사과할 수 있다면 고객은 서비스에 만족할 수도 있을 것이다. 시스템은 상황이 나빠질 때 일반적으로 고객 서비스 대표나 관리자가 대화에 참여하도록 요청한다.

챗봇을 개선하기 위해 더 할 수 있는 일이 있을까?

머신러닝 모델이 확신할 수 있을 때만 대답하기

사용자가 짜증낼 때를 인식한다면 좋은 일이다. 하지만 처음부터 사용자를 짜증 나게 하지 않는 편이 더 좋다! 신뢰도 점수를 사용한다면 챗봇이 잘못된 대답을 하지 않도록 할 수 있다.

7장에서 신뢰도 점수는 머신러닝 모델이 훈련한 것을 얼마나 정확하게 인식했는지를 보여주는 백분율 점수임을 배웠다.

이 프로젝트에서 신뢰도 점수가 낮다는 것은 머신러닝 모델이 질문을 제대로 이해하지 못했다는 의미다. 그림 11-16의 코드로 챗봇 코드를 업데이트한다. 모델이 질문을 이해하지 못하면 챗봇은 답을 추측하기보다는 사과하고, 향후 모델을 훈련할 때 사용하도록 질문을 리스트에 추가한다.

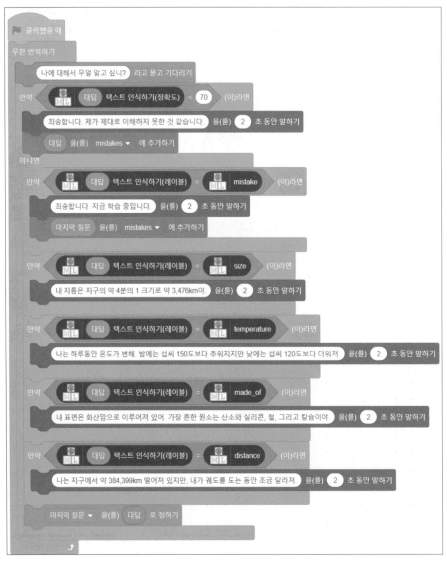

그림 11-16 낮은 신뢰도 점수의 질문을 저장해 향후 훈련에 사용한다.

⊃ 머신러닝과 윤리

프로젝트 개선을 위한 이런 방법들은 실제 머신러닝 프로젝트를 개선하는 데 일반적으로 사용된다. 지금까지 봐왔듯 훈련 데이터를 수집하기 위해서는 많은 시간과 노력이 필요하다. 머신러닝을 사용하는 일부 기업은 시간을 절약하기 위해 일단 머신러닝 모델이 기본적으로 작동할 수 있을 만큼의 훈련 데이터를 수집한 다음, 고객에게 머신러닝 모델을 사용하게끔 한다. 머신러닝 모델이 잘못 작동할 때는 베타버전이라고 설명하기도 한다. 그런 다음 고객의 머신러닝 모델에 대해 좋지 않은 경험을 수집해 모델 개선을 위한 훈련 데이터로 사용한다. 이는 머신러닝 모델의 신뢰도 점수가 아직 낮거나, 머신러닝의 답이 도움이 되지 않는다고 고객이 보고한 질문을 수집함을 의미한다. 기업은 이러한 고객의 질문을 검토하고 올바른 훈련 버킷으로 분류한다.

기업은 이렇게 해야만 머신러닝 모델이 미래에 고객의 질문에 더 잘 대답할 수 있다고 여긴다. 기업이 훈련 데이터를 더 많이 만들수록 기업 시스템은 더 좋은 답을 제공할 수 있다. 하지만 이런 사실을 모르고 스마트 기기에 이런 질문을 하는 사람들은 제조사가 질문을 기록할 수 있다는 사실에 놀랄 때가 있다. 사람들이 스마트 기기에 하는 질문을 듣는 제조업체에 관한 뉴스 기사를 웹에서 검색해보라. 얼마나 많은 기사가 나오는가? 이런 반응에 대해 어떻게 생각하는가?

이런 작업이 머신러닝 시스템을 만드는 사람들의 책임에 어떤 의미가 있다고 생각하는가? 머신러닝 개발자가 고객이나 사용자에게서 훈련 데이터를 수집하는 것이 윤리적이라고 생각하는가? 개발자가 이런 일을 하고 있다고 사용자에게 얘기해야 한다고 생각하는가? 그리고 훈련 데이터가 무엇인지 또는 머신러닝 시스템 훈련이 왜 그렇게 중요한지 알지 못하는 사용자에게는 어떻게 설명해야 할까?

⤵ 11장에서 배운 내용

11장에서는 사람들의 질문을 이해하고 대답하도록 머신러닝 모델을 훈련시킬 수 있다는 것을 배웠다. 또한 질의응답[QA] 시스템과 이에 상응하는 간단한 챗봇의 차이점도 배웠다. 그런 다음 여러분이 선택한 주제에 관한 일반적인 질문을 이해하도록 챗봇을 설계하고 머신러닝 모델을 훈련시켰다. 챗봇의 성능과 정확도를 개선하기 위해 실수를 추적하고, 사용자의 반응과 어조에 적절하게 대응하며, (고객 서비스 차원에서) 질문의 방향을 결정하기 위해 신뢰도 점수를 사용하는 등 몇 가지 개선 방법도 살펴봤다. 마지막으로 실제 사람들의 반응으로 머신러닝 모델을 훈련시킬 때 고려해야 할 윤리적인 사항에 대해서도 배웠다.

12장에서는 주제를 바꿔 팩맨[Pac-Man] 비디오 게임을 단순화한 버전에서 처음으로 숫자를 인식하도록 머신러닝 모델을 훈련시킨다.

12

괴물 피하기

인 공지능과 머신러닝은 여러분의 말과 행동을 이해하도록 학습하는 컴퓨터 게임 캐릭터를 만들 수 있는 잠재력을 가지기에 컴퓨터 게임의 장래를 밝게 한다. 11장에서 배운 챗봇처럼 행동하는 캐릭터가 있는 게임이 이미 나왔다. 하지만 게임을 플레이하는 대로 적응하는 진짜 지능형 게임에 대한 기회는 무궁무진하다.

12장에서는 인공지능이 게임 개발에 어떻게 이바지할 수 있는지가 아니라 게임을 인공지능 개발에 어떻게 사용하는지 반대의 상황을 살펴본다.

게임은 잘 정의된 목표와 훈련 데이터를 수집하는 방법, 효과를 측정하는 방법을 가진 시뮬레이션 환경을 제공하므로 학습이 가능한 컴퓨터 시스템의 연구와 개발을 위한 훌륭한 플랫폼이 된다.

팩맨Pac-Man(그리고 미즈팩맨Ms. Pac-Man)은 인공지능 연구에 자주 사용하는 고전 컴퓨터 게임 중의 하나다. 학계에서는 어느 팀의 머신러닝 시스템이 가장 뛰어난지 알아보기 위해 미즈팩맨 인공지능 경진대회Ms. Pac-Man AI competition를 2007년부터 개최하고 있으며, 지금까지도 인공지능을 연구하는 학생들과 연구자들의 과제로 사용되고 있다.

12장에서는 팩맨의 간단한 버전을 플레이하도록 머신러닝 시스템을 훈련시킨다. 게임의 목표는 캐릭터가 괴물을 피하면서 미로를 돌아다니는 것이다(그림 12-1 참조).

이제 시작해보자!

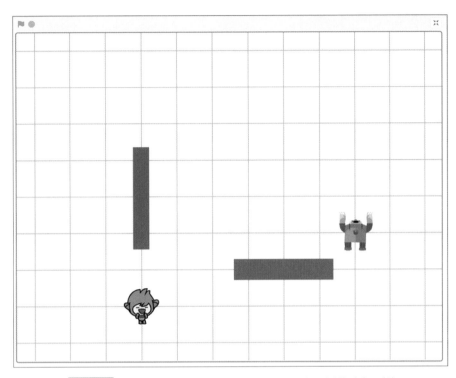

그림 12-1 그림 12-1 머신러닝 시스템이 플레이하도록 훈련시킬 수 있는 간단한 비디오 게임

⌁ 프로젝트 만들기

시작하기 전에 직접 컴퓨터 게임을 해보며 컴퓨터를 어떻게 훈련시킬지 이해
해보자. 먼저 https://machinelearningforkids.co.uk/scratch3/로 이동해 그림
12-2의 화면 상단에서 프로젝트 템플릿을 클릭한다.

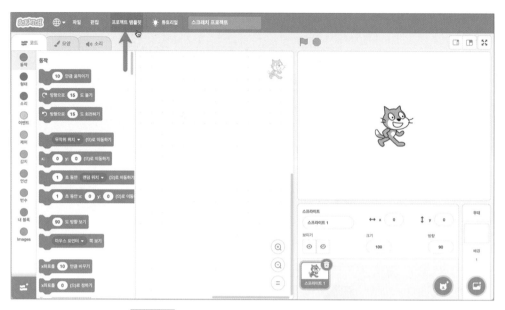

그림 12-2 프로젝트 템플릿 메뉴에서 게임에 접근할 수 있다.

그림 12-3의 화면에서 Avoid the monster ^{괴물 피하기} 게임을 클릭한다.

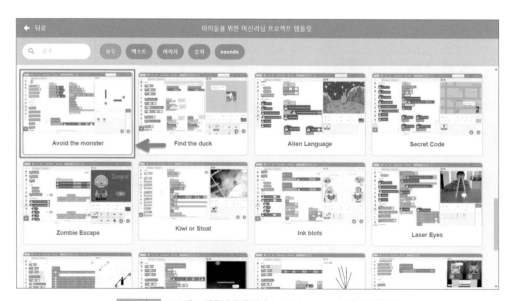

그림 12-3 프로젝트 템플릿 목록에서 Avoid the monster를 클릭한다.

이 게임에서 여러분은 무대 왼쪽 아래 구석에서 출발하는 캐릭터 나노^{nano}로 플레이한다. 게임의 목표는 무대 오른쪽 위 구석에서 출발하는 괴물을 가능한 한 오래 피하는 것이다.

화살표 키를 사용해 나노의 방향을 바꿀 수 있다. 나노는 격자 선만 따라갈 수 있으므로 위, 아래, 왼쪽, 오른쪽으로만 움직일 수 있으며 대각선으로는 움직일 수 없다.

화살표 키를 누르지 않으면 나노는 마지막으로 누른 키의 방향으로 계속 이동한다.

나노는 괴물보다 더 빨리 움직일 수 없다. 게임의 코드는 타이머를 사용해 나노와 괴물 모두 1초당 한 번씩만 움직이게 한다.

길에는 두 개의 벽이 있다. 나노나 괴물 모두 벽을 통과할 수 없다.

게임을 한번 해본다. 오른쪽 위의 컨트롤에서 전체 화면 아이콘을 클릭한 다음 녹색 깃발을 클릭한다.

얼마나 오랫동안 괴물을 피할 수 있는가?

게임의 상태 설명하기

게임 보드판은 그림 12-4와 같이 좌표평면으로 표현할 수 있다.

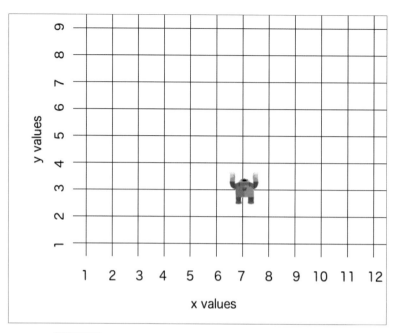

그림 12-4 게임 보드판은 x-축과 y-축의 좌표평면으로 생각할 수 있다.

이 좌표평면을 사용해 좌표 쌍으로 나노와 괴물의 위치를 설명할 수 있다. 예를 들어, 그림 12-4에서 몬스터의 위치는 x = 7과 y = 3이다.

우리는 게임에서 이 표현식을 사용해 컴퓨터에 설명한다.

나노가 괴물을 피할 수 있도록 위, 아래, 왼쪽, 오른쪽, 4개의 숫자를 컴퓨터에 입력한다. 예를 들어, 그림 12-5의 좌표를 입력하면 컴퓨터는 나노를 위로 이동하도록 결정할 수 있다.

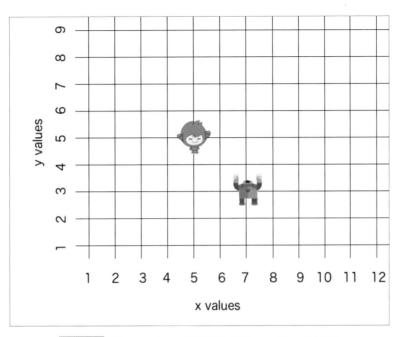

그림 12-5 ㅤ나노는 x = 5, y = 5에 있으며, 괴물은 x = 7, y = 3에 있다.

이 프로젝트의 목표는 괴물을 피하고자 가장 좋은 방향을 결정하도록 머신러닝 모델을 훈련시키는 것이다.

모델 훈련시키기

게임을 하도록 컴퓨터를 훈련시키기 위해서는 게임 플레이 데이터를 수집해야한다. 데이터를 수집하는 가장 좋은 방법은 직접 게임을 하고, 그 플레이 데이터를 사용해 컴퓨터를 훈련시키는 것이다.

첫 번째 단계에서는 여러분이 움직이는 데이터를 저장할 훈련 버킷을 만든다.

1. https://machinelearningforkids.co.uk/로 이동해 새로운 머신러닝 프로젝트를 만들고 이름을 Avoid the monster^{괴물 피하기}로 한다. 그리고 숫자 인식 방법을 학습하도록 설정한다.

> **NOTE** 머신러닝 프로젝트를 만드는 방법을 모른다면 2장의 41쪽 '새로운 머신러닝 프로젝트 만들기' 절을 참고한다.

2. ADD A VALUE (값 추가하기) 버튼을 클릭하고, Value 1의 이름을 nano x로 한다. 그리고 유형을 number ^{숫자}로 설정한다. 그림 12-6의 화면에서 ADD ANOTHER VALUE (다른 값 추가하기)를 클릭한 다음, nano y와 monster x, monster y라는 세 개의 값을 추가한다. 4개의 값을 모두 추가했다면 **만들기**를 클릭한다.

이 값들은 좌표평면에서 두 캐릭터의 좌표를 저장한다.

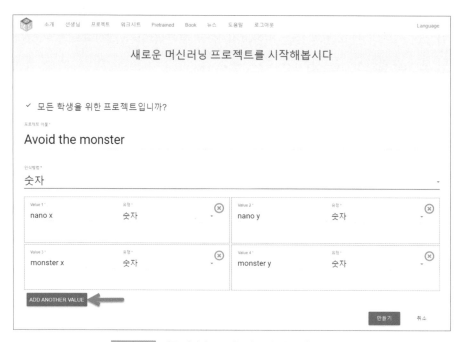

그림 12-6 괴물 피하기 프로젝트에서 필요한 값을 준비한다.

3. 그림 12-7의 **훈련**을 클릭한다.

그림 12-7 훈련 버킷을 만들기 위해 Train(훈련)을 클릭한다.

4. 그림 12-8의 화면에서 **새로운 레이블 추가**를 클릭한 다음, 나노가 이동
할 수 있는 4개의 방향 버킷을 만들고 버킷의 이름을 각각 go left^{왼쪽으로}
이동하기와 go right^{오른쪽으로 이동하기}, go up^{위쪽으로 이동하기}, go down^{아래쪽으로 이동하기}
으로 한다(빈칸은 자동으로 밑줄로 입력된다).

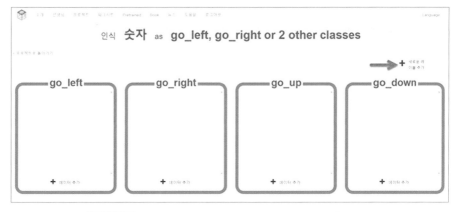

그림 12-8 나노가 이동할 수 있는 4개 방향에 대한 훈련 버킷을 만든다.

예를 들어, 게임을 하는 중에 나노가 좌표 x = 2, y = 3에 있고, 괴물은 좌표 x = 6, y = 7에 있다고 생각해보자. 나노를 오른쪽으로 움직이기 위해 오른쪽 화살표 키를 눌렀다면 그림 12-9와 같이 go_right 버킷에 숫자들이 추가된다.

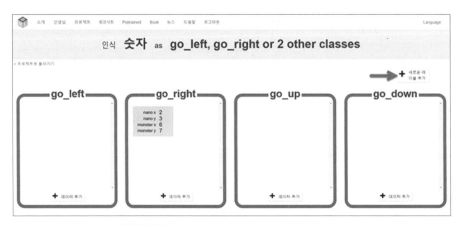

그림 12-9 게임 도중의 움직임이 훈련 버킷에 추가된다.

다음 단계는 머신러닝 모델을 훈련하는 데 사용할 수 있는 데이터를 가능한 한 많이 수집하는 것이다. 게임을 해보며 훈련 데이터를 수집한다.

5. 화면 왼쪽 위에 있는 **프로젝트로 돌아가기**를 클릭하고, 그림 12-10의 화면에서 **만들기**를 클릭한다.

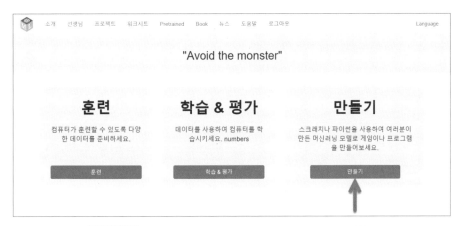

그림 12-10 스크래치에서 프로젝트를 사용하기 위해 만들기를 클릭한다.

6. 그림 12-11에서 **스크래치** 3을 클릭한다.

그림 12-11 **스크래**치로 돌아가기 위해 스크래치 3을 클릭한다.

7. **그림** 12-12의 화면에서 straight into Scratch 를 클릭한다.

NOTE 여기서 'You can train one now and then come back to open Scratch(머신러닝 모델을 훈련시키고, 다시 스크래치를 열 수 있다)' 는 경고가 나온다. 스크래치를 사용해 훈련 데이터를 수집할 것이므로 경고가 떠도 괜찮다.

그림 12-12 훈련한 머신러닝 모델이 없더라도 straight into Scratch 를 클릭한다.

8. **상단** 메뉴 바에서 **프로젝트 템플릿**을 클릭한다.

9. Avoid the monster를 클릭해 머신러닝 프로젝트의 블록으로 템플릿을 다시 연다.

10. 화면 오른쪽 아래의 무대를 클릭한다. 코드 영역에서 그림 12-13과 같이 첫 번째 [클릭했을 때] 스크립트를 찾는다.

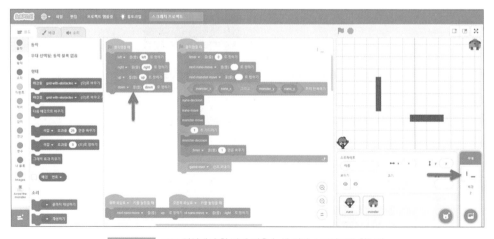

그림 12-13 코드 영역에서 첫 번째 짧은 녹색 깃발 스크립트를 찾는다.

278

11. **도구 상자**에서 Avoid the monster를 클릭한 다음, 그림 12-14와 같이 훈련 데이터 버킷 이름의 블록을 스크립트로 드래그한다. 방향을 일치시켜야 한다. 예를 들어, go_left 블록을 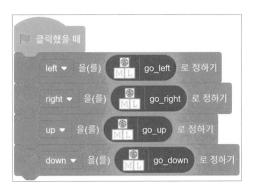 블록으로 드래그해야 한다.

그림 12-14 프로젝트의 레이블을 스크립트에 추가한다.

12. 그림 12-15와 같이 코드 영역을 스크롤해 스크립트를 찾는다.

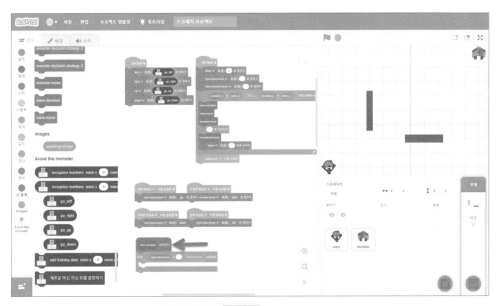

그림 12-15 스크립트를 찾는다.

13. 그림 12-16과 같이 도구 모음의 Avoid the monster 그룹에서 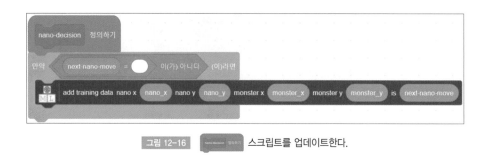 블록을 스크립트로 드래그한다. 이 블록은 게임 중의 모든 이동을 훈련 데이터로 추가한다.

도구 모음에서 **Variables**를 클릭한 다음, 그림 12-16의 블록을 add training data 블록으로 드래그한다. 캐릭터와 괴물이 이동할 때마다 여러분의 결정과 좌표가 훈련 데이터로 추가된다.

그림 12-16 ![nano-decision 정의하기] 스크립트를 업데이트한다.

14. 이제 프로젝트를 나중에 다시 사용할 수 있도록 저장한다. 먼저 상단 메뉴 바의 스크래치 프로젝트 텍스트 상자에 그림 12-17과 같이 Avoid the monster TRAINING^{괴물 피하기 게임 훈련하기}를 입력한다. 이 제목은 이 버전의 프로젝트가 머신러닝 모델을 훈련시키기 위해 게임을 하는 프로젝트임을 알려준다.

파일 › 컴퓨터에 저장하기를 클릭한다.

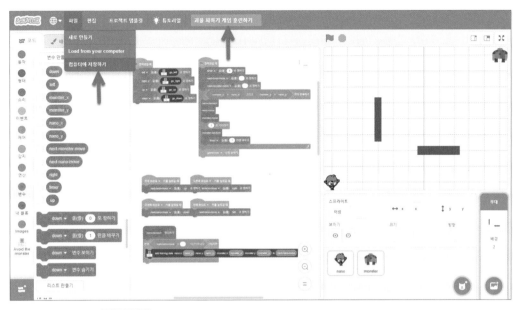

그림 12-17 이 버전의 프로젝트를 저장하기 전에 프로젝트 이름을 업데이트한다.

15. 게임을 한다!

오른쪽 위의 컨트롤에서 전체화면 아이콘을 클릭한 다음 **녹색 깃발**을 클릭해 게임을 시작한다.

화살표 키를 사용해 나노 캐릭터를 조정한다.

가능한 한 오랫동안 괴물을 피하도록 한다. 게임을 더 잘할수록 머신 러닝은 더 많이 학습할 수 있다.

충분히 오랫동안 게임을 했다고 생각하면 빨간색 **멈춤 아이콘**Stop Sign을 클릭한다.

그림 12-18과 같이 훈련 단계로 되돌아가면 여러분이 이동한 좌표를 볼 수 있다. 최근 데이터를 보려면 페이지를 새로 고침해야 할 수도 있다.

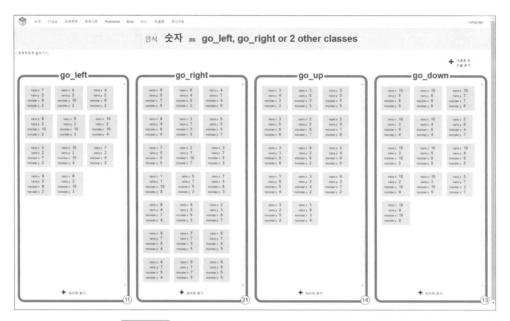

그림 12-18 게임 중에 이동한 좌표가 훈련 버킷에 들어있어야 한다.

16. 나노가 이동할 수 있는 모든 상황의 데이터를 수집했다고 생각할 때까지 게임을 계속한다.

17. 이제 수집한 데이터를 사용해 머신러닝 모델을 훈련할 때다. **프로젝트로 돌아가기**를 클릭한 다음, 그림 12-19의 화면에서 **학습 & 평가**를 클릭한다.

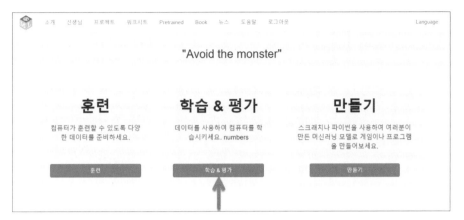

그림 12-19 **학습 & 평가**를 클릭해 게임 중에 수집한 이동 좌표로 모델을 훈련한다.

18. 그림 12-20의 화면에서 **새로운 머신러닝을 훈련해보세요**를 클릭한다.

그림 12-20 게임 중에 수집한 이동 좌표 데이터로 모델을 훈련시킨다.

게임 평가하기

게임을 하도록 머신러닝 모델을 훈련시켰다! 모델을 평가하는 가장 좋은 방법은 머신러닝 모델이 나노 캐릭터를 조정하고 괴물을 얼마나 오랫동안 피할 수 있는지 보는 것이다.

화살표 키로 캐릭터가 아닌 머신러닝 모델을 조정할 수 있도록 스크래치 프로 젝트를 수정해야 한다.

1. 코드 영역에서 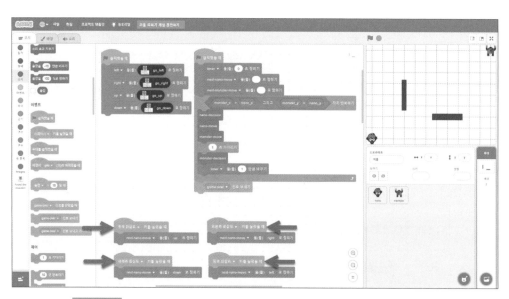 위쪽 화살표 ▾ 키를 눌렀을 때 스크립트를 찾는다. 그림 12-21과 같 이 4개(위쪽 화살표 ▾ 키를 눌렀을 때 와 아래쪽 화살표 ▾ 키를 눌렀을 때 , 오른쪽 화살표 ▾ 키를 눌렀을 때 , 왼쪽 화살표 ▾ 키를 눌렀을 때)가 있다.

   각 블록을 클릭한 다음 **DELETE**^{삭제} 키를 누르거나 각 블록에서 마우스 오른쪽 버튼을 클릭하고 Delete Block^{블록 삭제}을 선택해 스크립트를 삭 제한다. 화살표 키로 캐릭터를 조종할 수 없도록 4개의 스크립트에 있 는 모든 블록을 삭제해야 한다.

그림 12-21 나노를 조종할 수 없도록 4개의 when arrow key pressed 스크립트를 삭제한다.

2. 이전에 업데이트한 nano-decision 정의하기 블록을 찾는다. 도구 모음의 변수와 Avoid the monster 그룹의 블록을 사용해 그림 12-22의 스크립트로 업 데이트한다.

이제 화살표 키로 학습시키지 않고 머신러닝 모델을 사용해 컴퓨터가 방향을 결정하게 한다.

그림 12-22 머신러닝 모델이 게임을 조종하도록 [nano-decision 정의하기] 스크립트를 업데이트한다.

3. 긴 [클릭했을 때] 스크립트의 [1 초 기다리기] 블록을 제거한다.

이렇게 하면 캐릭터 이동을 기다리지 않아도 되므로 게임을 조금 더 빨리 진행할 수 있다. 업데이트한 스크립트는 그림 12-23과 같다. 화살표는 블록을 제거하기 전에 블록이 있던 곳이다.

그림 12-23 [1 초 기다리기] 블록을 제거한다.

4. 이제 나중에 프로젝트로 되돌아올 수 있도록 프로젝트를 다시 저장한다. 이번에는 텍스트 상자에 괴물 피하기 게임 평가하기를 입력한다. 이 제목은 이 버전의 프로젝트가 머신러닝 모델이 게임을 하는 프로젝트임을 알려준다. **파일 › 컴퓨터에 저장하기**를 클릭한다.

5. 전체화면 아이콘을 클릭한 다음 녹색 깃발을 클릭한다.

   머신러닝 모델이 나노를 괴물로부터 피하는 것을 지켜본다(그림 12-24)!

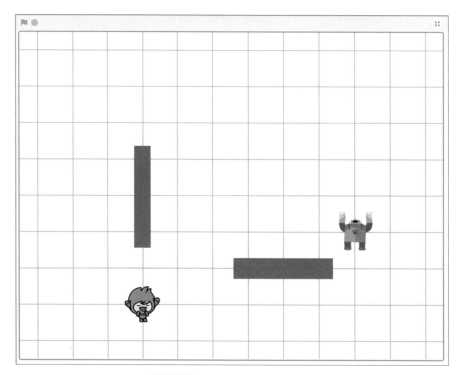

그림 12-24 | 실행 중인 머신러닝 프로젝트

↻ 프로젝트 검토 및 개선

머신러닝 모델을 어떻게 개선할 수 있을까?

괴물을 피하는 시간이 길어질수록 게임을 더 잘하게 된다. 여러분이 정말로 잘했다면 괴물을 계속해서 피할 수 있다. 괴물은 나노와 같은 속도로 움직이기 때문에 머신러닝 모델이 실수를 하지 않는 한 나노는 항상 괴물보다 앞서 갈 수 있다.

훈련 횟수가 어떤 차이를 만들까?

스크래치 프로젝트의 훈련 버전을 열고 조금 더 오랫동안 게임을 한 훈련 데이터를 더 많이 추가한다. 그런 다음 학습 & 평가 Learn & Test 단계로 되돌아가 추가 훈련 데이터로 새로운 머신러닝 모델을 훈련시킨다. 마지막으로 스크래치 프로젝트의 평가 버전을 열고 새로운 머신러닝 모델이 게임을 하는 것을 지켜본다.

추가 훈련 데이터가 도움이 됐는가?

이런 작업을 몇 번 더 하면서 훈련 데이터의 양이 머신러닝 모델이 게임을 하는 능력에 어떤 영향을 미치는지 확인해본다.

이 프로젝트에서 훈련한 머신러닝 모델이 다음에 이동할 곳을 결정하는 방식을 그림 12-25와 같이 나무 그림으로 표현할 수 있기 때문에 이런 유형의 모델을 의사결정 나무 분류기 decision tree classifier 라고 한다. 머신러닝 모델의 다이어그램을 보려면 학습 & 평가 단계에서 테스트 버튼 옆에 있는 Describe your model 모델 설명하기 버튼을 클릭한다.

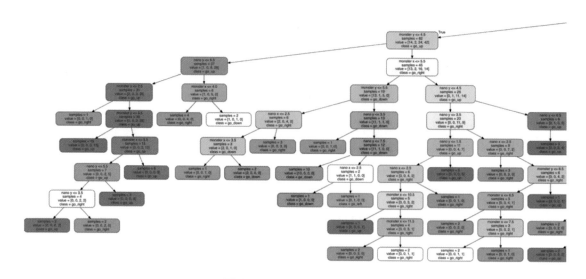

그림 12-25 의사결정 나무

의사결정 나무 다이어그램은 머신러닝 모델의 각 이동결과를 예측하는 방법을 이해하는 데 도움이 된다. 나무의 각 상자는 조건을 설명한다. 예를 들어 'monster x < 3'은 '괴물의 x 좌표가 3 미만인가?'를 의미한다. 조건식을 만족하면 나무는 왼쪽 화살표를 따라간다. 조건식을 만족하지 못하면 나무는 오른쪽 화살표를 따라간다.

머신러닝 모델은 나무의 꼭대기에서 출발해 조건을 따라 나무의 바닥까지 내려간다.

의사결정 과정을 확인하려면 의사결정 나무의 오른쪽에 있는 텍스트 상자에 나노와 괴물의 좌표를 입력하고 테스트 를 클릭한다. 다이어그램은 머신러닝 모델이 이 좌표들을 예측하는 과정을 강조해 보여준다. 따라야 할 화살표가 나무 바닥에 도달하면 그림 12-26과 같이 최종 예측 결과를 확인할 수 있다.

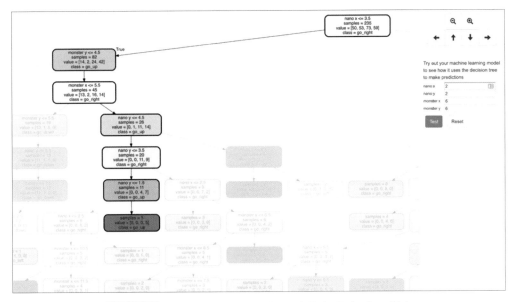

그림 12-26 다이어그램은 이동 결과 예측에 사용한 좌표를 강조해 보여준다.

몇 가지 다른 좌표를 사용해 모델을 평가해보고 예측을 학습하는 방법을 이해하길 바란다.

⤴ 12장에서 배운 내용

12장에서는 머신러닝 모델을 숫자 집합의 패턴을 인식하도록 훈련시켰다. 머신러닝 모델이 팩맨 게임의 단순화 버전 게임을 하도록 예측 결과를 기반으로 캐릭터의 다음 이동 경로를 결정하는 데 x 좌표와 y 좌표를 사용하는 모델을 훈련시키기 위해 의사결정 나무 분류기를 사용했다.

숫자를 기반으로 예측하는 머신러닝 모델을 훈련하는 방법으로 의사결정 나무가 유일한 방법은 아니지만, 훈련이 매우 빠르고 이해하기 가장 쉬운 기술 중의 하나이기 때문에 널리 사용되고 있다. 앞에서 우리는 더 강력한 신경망을 사용했지만, 신경망은 더 복잡하고 이해하기 어렵다.

지금까지 훈련시킨 다른 머신러닝 모델과 마찬가지로 훈련 데이터가 많을수록 모델의 성능을 개선할 수 있음을 알게 됐다. 13장에서는 머신러닝 프로젝트에서 훈련 데이터의 양이 어떤 차이를 만들어내는지 알아본다.

13

틱택토 게임

12 장에서는 팩맨과 같은 컴퓨터 게임을 머신러닝 개발에 어떻게 사용하는지 알아봤다. 틱택토Tic Tac Toe(3목 두기 또는 OX 게임이라고도 함)는 사람들이 머신러닝을 더 오랫동안 배울 수 있도록 돕는 데 활용되고 있다.

예를 들어, 영국의 인공지능 연구자 도널드 미치[Donald Michie]는 1960년에 MENACE[Machine Educable Noughts and Crosses Engine](3목 두기를 학습할 수 있는 컴퓨터 엔진)(그림 3-1)[1]을 설계했다. 이 엔진은 틱택토 게임 방법을 완벽하게 학습할 수 있는 최초의 프로그램 중 하나였다. MENACE는 성냥갑과 색유리 구슬을 사용해 시연됐으며, 머신러닝을 뒷받침하는 많은 원칙이 수십 년에 걸쳐 개발됐음을 보여준다.

그림 13-1   도널드 미치의 3목 두기를 학습할 수 있는 컴퓨터 엔진의 재현
(출처: Matthew Scroggs, https://commons.wikimedia.org/wiki/File:Mscroggs-MENACE-cropped.jpg)

하지만 인공지능 개발을 위해 사용되는 게임은 틱택토뿐만이 아니며 체스도 많이 활용되고 있다. 1장에서 체스 게임 세계 챔피언 게리 카스파로프[Garry kasparov]를 이긴 IBM 컴퓨터 딥 블루[Deep Blue]에 대해 언급했다. 딥 블루는 체스를 둘 수 있는 컴퓨터를 만들기 위해 수십 년간 노력해 온 결과다. 1950년대 초 수학자인 앨런 튜링[Alan Turing]은 "Digital Computers Applied to Games(게임에 적용

---

1   더 자세한 내용은 chalkdust의 Menace: the Machine Educable Noughts And Crosses Engine(https://chalkdust magazine.com/features/menace-machine-educable-noughts-crosses-engine/)참조 - 옮긴이

할 수 있는 디지털 컴퓨터)"라는 논문에서 "체스를 둘 수 있는 컴퓨터를 만들고 게임을 하면서 얻은 경험을 통해 체스를 두는 실력을 개선시킬 수 있을까?"라는 질문을 제시했다.

최근 몇 년 동안 인공지능 커뮤니티는 체스보다 더 복잡한 보드게임인 바둑에 관심을 돌렸다. 바둑에서는 엄청나게 많은 수와 전략을 구사할 수 있으므로 딥 블루와 같이 컴퓨터가 가능한 모든 수를 미리 계산하고 체스를 두는 방법을 사용하는 것이 불가능했다. 구글 딥마인드^{DeepMind}의 컴퓨터 알파고^{AlphaGo}는 2016년 바둑 세계 챔피언 이세돌을 이겨 인공지능 연구에 이정표를 세웠다.

신경망을 만드는 도구들을 점점 더 쉽게 사용할 수 있으며, 컴퓨터는 인공지능을 연구하는 학생들과 연구자들의 영역을 넘어 점점 더 빠르고 강력해지고 있다. 인터넷에서 'Super Mario neural network^{슈퍼마리오 신경망}'를 검색해보면 슈퍼마리오 월드와 같은 게임을 하도록 머신러닝 모델을 훈련시킨 사례와 예제 프로그램을 쉽게 찾을 수 있다.

하지만 이번 장에서는 기본을 충실히 따른다. 스크래치에서 도널드 미치의 MENACE를 단순화한 버전을 만들고 틱택토 게임을 하도록 머신러닝 모델을 훈련시킨다(그림 13-2 참조).

그림 13-2 틱택토 게임은 머신러닝 연구에 좋은 게임이다.

이제 시작해보자!

⤴ 프로젝트 만들기

이미 틱택토 게임을 할 줄 알겠지만, 스크래치에서 게임을 해보면 머신러닝에 적용하기 위한 방법을 알 수 있다. https://machinelearningforkids.co.uk/scratch3/로 이동한다.

https://machinelearningforkids.co.uk/로 이동한 다음 그림 13-3의 화면에서 상단 메뉴 바에 있는 프로젝트 템플릿을 클릭한다.

템플릿 목록에서 **동그라미 & 엑스 게임**Noughts and Crosses을 클릭한다. 스크래치는 간단한 틱택토 게임 템플릿을 불러온다. **녹색 깃발**을 클릭해 게임을 해본다.

여러분은 ×로, 컴퓨터는 ○로 게임을 진행한다. 컴퓨터는 그리 똑똑하지 못하지만, 여기서 여러분은 컴퓨터를 더 똑똑하게 만들어야 한다.

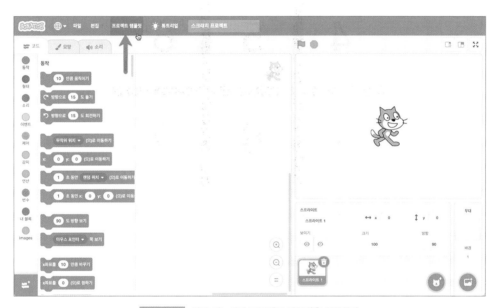

그림 13-3 상단 메뉴에서 **프로젝트 템플릿**을 클릭한다.

컴퓨터가 따라야 할 규칙을 파악해야 한다. 컴퓨터가 다음에 둬야 할 곳에 관한 논리는 모두 코드 영역에 있으므로, 스크립트를 검토해 여러분이 맞았는지 확인할 수 있다.

게임판을 다양한 방법으로 표현할 수 있지만 여기서는 그림 13-4와 같이 게임판의 각 칸에 1부터 9까지 번호를 매기는 간단한 방법을 사용한다.

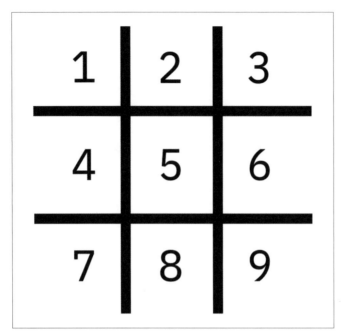

그림 13-4 게임판을 표현하는 한 가지 방법은 각 칸에 번호를 매기는 것이다.

또한 각 칸은 그림 13-5와 같이 스크래치 프로젝트 템플릿에서도 숫자로 표시
된다.

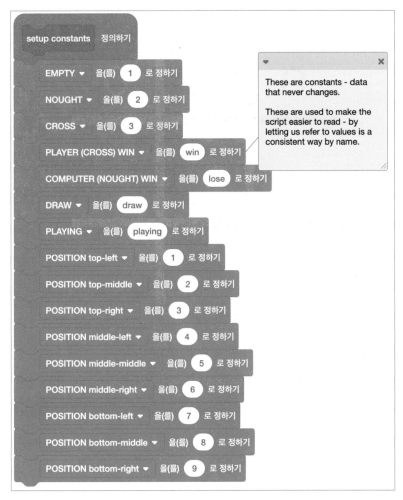

그림 13-5 스크래치 프로젝트 템플릿에서 사용하는 게임판 표현

우리는 게임판의 ○과 ×의 위치를 설명해야 한다. 누가 이기든 이긴 사람으로부터 배울 수 있어야 하므로, 게임을 하는 플레이어가 이기고 상대방은 지는 것으로 설명한다.

예를 들어, 그림 13-6과 같은 게임 초반의 게임판에서 ×가 이겼다고 생각해보자.

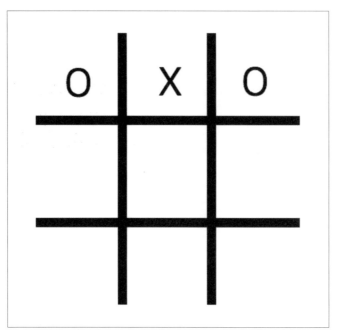

그림 13-6 게임 초반 플레이의 예

우리는 이 게임판을 다음과 같이 설명할 수 있다.

위 왼쪽(Top Left)	상대방
위 가운데(Top Middle)	플레이어
위 오른쪽(Top Right)	상대방
중간 왼쪽(Middle Left)	비어 있음
한가운데(Middle Middle)	비어 있음
중간 오른쪽(Middle Right)	비어 있음
아래 왼쪽(Bottom Left)	비어 있음
아래 중간(Bottom Middle)	비어 있음
아래 오른쪽(Bottom Right)	비어 있음

우리는 이런 상태의 게임판이 주어지면 플레이어가 다음에 어디에 놓을지 결정하도록 머신러닝 모델을 훈련시키고자 한다. 이렇게 하려면 게임에서 이긴 결정들의 훈련 데이터가 있어야 한다. 각 훈련 데이터는 다음 내용을 포함해야 한다.

> ▶ 게임을 진행하기 전의 게임판 상태
> ▶ 다음에 둔 곳

훈련 데이터는 게임에서 이긴 플레이어의 선택으로만 구성된다. 플레이어(×)가 게임에서 이기면 ×의 위치로 모델을 훈련시킨다. 컴퓨터(○)가 이기면 ○의 위치로 모델을 훈련시킨다.

게임 준비하기

12장의 팩맨 유형 게임과 마찬가지로 훈련 데이터를 수집하는 가장 좋은 방법은 직접 입력하지 않고 직접 게임을 하면서 모으는 것이다.

첫 번째 단계는 여러분이 선택한 위치를 저장할 수 있도록 9개의 훈련 버킷을 준비하는 것이다.

1. https://machinelearningforkids.co.uk/로 이동해 새로운 머신러닝 프로젝트를 만들고 이름을 Tic Tac Toe^{틱택토}로 한다. 그리고 숫자 인식 방법을 학습하도록 설정한다.

> **NOTE** 머신러닝 프로젝트를 만드는 방법을 모른다면 2장의 41쪽 '새로운 머신러닝 프로젝트 만들기' 절을 참고한다.

2. `ADD A VALUE` 버튼을 클릭하고, 값 이름을 TopLeft로 한다. 그리고 Type of value^{값의 유형}를 multiple-choice로 설정한다. Choices 밑에 EMPTY와 PLAYER, OPPONET 3개의 값을 추가한다. 그런 다음 `ADD ANOTHER VALUE` 를 클릭해 다음과 같이 8개의 선다형 유형 값을 추가한 다음, 모든 값에 EMPTY와 PLAYER, OPPONENT 3개의 값을 추가한다.

> TopMiddle
>
> TopRight
>
> MiddleLeft
>
> MiddleMiddle
>
> MiddleRight
>
> BottomLeft
>
> BottomMiddle
>
> BottomRight

컴퓨터 게임판의 모든 칸에서 같은 선택을 할 수 있도록 9개의 모든 값에 선택할 수 있는 값이 같도록 철자를 확인한다. 잘못 입력했다면 옆에 있는 빨간색 ×를 클릭해 입력한 내용을 삭제한 다음 다시 값을 입력한다.

최종 결과는 그림 13-7과 같아야 한다.

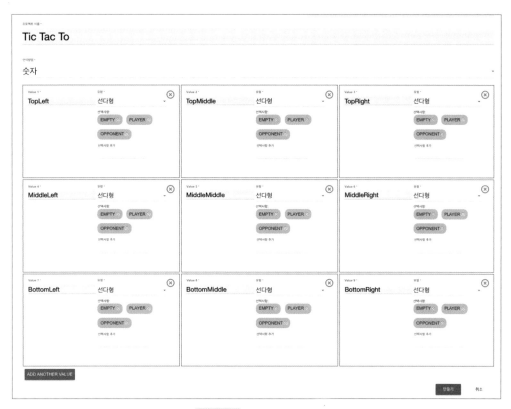

그림 13-7 프로젝트 준비하기

3. **만들기를 클릭한다.**

4. 그림 13-8처럼 **훈련**을 클릭한다.

그림 13-8 훈련 버킷을 만들기 위해 **훈련**을 클릭한다.

5. 그림 13-9의 화면에서 ┃ ✚ 새로운 레이블 추가 ┃를 클릭한 다음, 게임판의 9개 칸을 나타내는 훈련 버킷을 만들고, 버킷의 이름을 각각 top left와 top middle, top right, middle left, middle middle, middle right, bottom left, bottom middle, bottom right(빈칸은 자동으로 밑줄로 입력된다)로 짓는다.

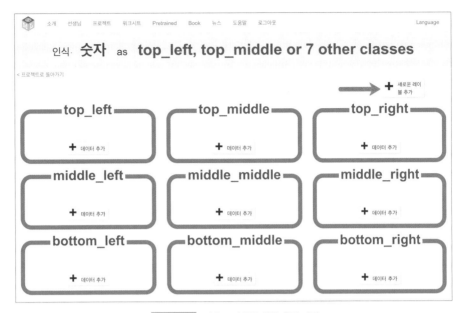

그림 13-9 틱택토 게임을 위한 훈련 버킷

이 버킷에 훈련 데이터가 저장된다. 예를 들어, 그림 13-6의 게임판을 다시 보자. 이 상태에서 플레이어가 한가운데^{Middle Middle}에 ×를 두면 그림 13-10과 같은 훈련 데이터가 middle_middle 버킷에 저장된다.

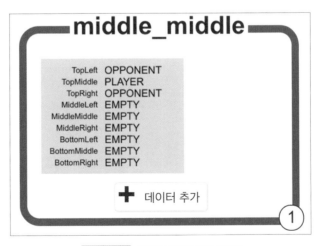

그림 13-10 틱택토 게임의 훈련 데이터

다음 단계는 머신러닝 모델을 훈련시키는 데 사용할 수 있는 데이터를 가능한 한 많이 수집하는 것이다. 게임을 하면서 훈련 데이터를 수집해본다.

6. 화면 왼쪽 위에 있는 **프로젝트로 돌아가기**를 클릭한다.

7. **만들기**를 클릭한다.

8. 그림 13-11에서 **스크래치 3**을 클릭한 다음, `straight into Scratch` 를 클릭한다.

> **NOTE** 여기서 'You can train one now and then come back to open Scratch(머신러닝 모델을 훈련시키고 다시 스크래치를 열 수 있다)'는 경고가 뜬다. 스크래치를 사용해 훈련 데이터를 수집할 것이므로 경고가 떠도 괜찮다.

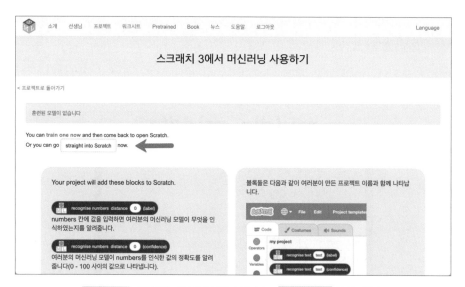

그림 13-11 훈련시킨 머신러닝 모델이 없더라도 `straight into Scratch` 를 클릭한다.

9. Noughts and Crosses 프로젝트 템플릿을 다시 연다.

코드는 이 템플릿을 처음 열었을 때와 같지만 이제는 도구 상자에서
프로젝트를 위한 추가 블록을 볼 수 있다.

10. 화면 오른쪽 아래의 무대를 클릭한다. 코드 영역에서 그림 13−12와 같
이 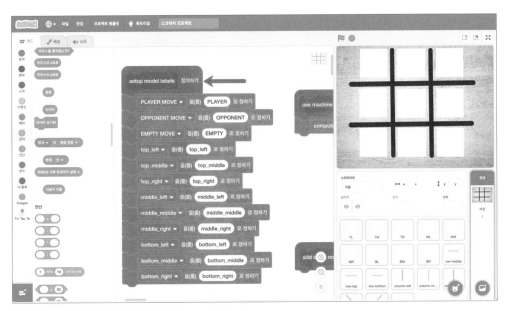 스크립트를 찾는다. 이 스크립트는 프로젝트 전체에
걸쳐 사용하는 상수^{constant}를 설정한다.

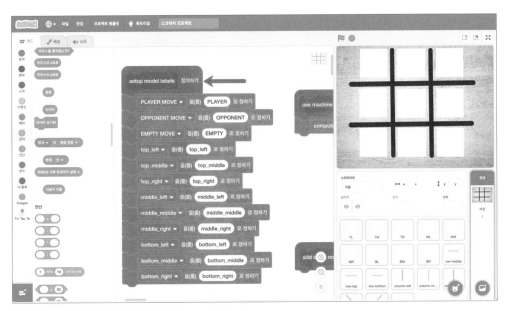

그림 13-12 　　　　 스크립트를 찾는다.

11. 도구 상자에서 **Tic Tac Toe**를 클릭하고 그림 13-13과 같이 훈련 버킷의 이름 블록을 `setup model labels 정의하기` 스크립트로 드래그한다. 위치가 일치하는지 확인한다. 예를 들어, top_left 블록을 `bottom_left ▾ 을(를) top_left 로 정하기` 블록으로 드래그한다.

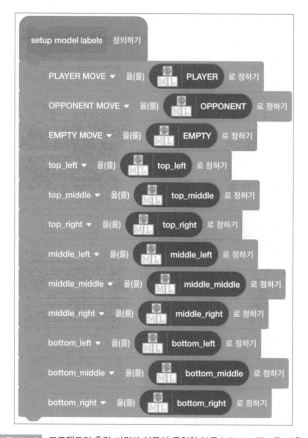

그림 13-13 프로젝트의 훈련 버킷과 이름이 동일한 블록으로 스크립트를 채운다.

12. 그림 13-14와 같이 코드 영역에서 add cross moves to training data 정의하기 와 add nought moves to training data 정의하기 스크립트 블록을 찾는다.

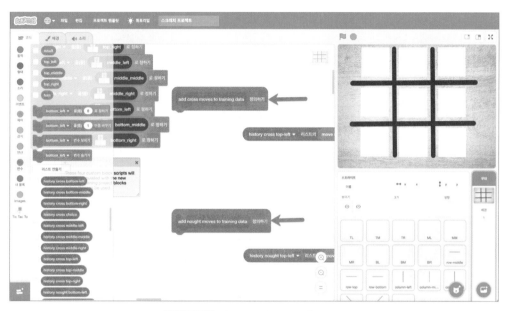

그림 13-14 내 블록 정의하기 블록을 찾는다.

13. 그림 13-15와 같이 도구 모음의 Tic Tac Toe 그룹에서

 add training data TopLeft EMPTY ▾ 블록을 add cross moves to training data 정의하기 와 add nought moves to training data 정의하기 스크립트로 드래그한다.

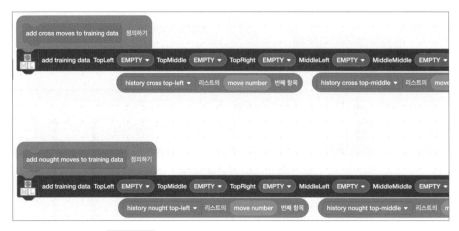

그림 13-15 훈련 데이터를 2개의 define 스크립트에 추가한다.

14. 그림 13-16과 같이 add training data TopLeft EMPTY ▾ 블록을 업데이트한다. 필요한 주황색 블록은 add training data TopLeft EMPTY ▾ 블록 바로 아래에 있다. 주황색 블록을 왼쪽에서 add training data TopLeft EMPTY ▾ 블록의 EMPTY 영역으로 드래그한다.

그림 13-16 훈련 데이터 블록을 채운다.

스크립트를 다시 확인한다. 그림 13-17과 같이 history cross(× 위치의 기록) 리스트에 있는 위치는 add cross moves to training data 스크립트에 있어야 한다.

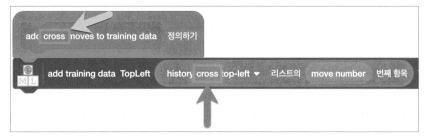

그림 13-17　cross 블록이 cross 스크립트에 있는지 확인한다.

마찬가지로 history nought(○ 위치의 기록) 리스트에 있는 위치는 add nought moves to training data 스크립트에 사용돼야 한다.

게임판의 칸 이름도 일치해야 한다. 예를 들어, 그림 12-18과 같이 top-middle은 TopMiddle의 공간에 있어야 한다.

그림 13-18　게임판 분할 영역의 이름이 일치하는지 확인한다.

블록의 모든 공간이 채워져 있는지 확인한다. 확인하려면 그림 13-19 와 같이 스크립트를 오른쪽으로 스크롤해야 한다.

그림 13-19　모든 공간이 채워져 있는지 확인한다.

15. 이제 그림 13-20과 같이  game-over ▾ 신호를 받았을 때 스크립트를 찾는다. 이 스크립트는 매번 게임이 끝날 때마다 실행되며, 방금 설정한 add training data TopLeft EMPTY ▾ 스크립트를 호출한다.

그림 13-20 game-over ▾ 신호를 받았을 때 스크립트를 찾는다.

그림 13-21과 같이 game-over ▾ 신호를 받았을 때 스크립트 뒤에 새로운 머신 러닝 모델 훈련하기 블록을 추가한다.

게임이 끝날 때마다 새로운 머신러닝 모델을 훈련한다.

이제 매번 게임이 끝날 때마다 이긴 사람이 둔 곳의 정보가 훈련 버킷에 추가 되며, 업데이트된 훈련 데이터를 사용해 새로운 머신러닝 모델을 훈련시킨다. 이는 여러분이 게임을 할 때마다 머신러닝 모델이 더 똑똑해지고 더 나아질 수 있음을 의미한다.

모델 훈련시키기

이제 게임을 해보자.

1. 전체화면 아이콘을 클릭한 다음 왼쪽 위에 있는 녹색 깃발을 클릭한다. 그림 13-22와 같이 게임을 한번 한다.

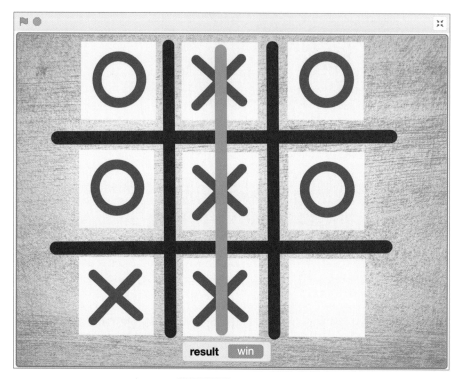

그림 13-22 틱택토 게임

2. 게임이 끝나면 **프로젝트로 돌아가기**를 클릭하고 다시 훈련시킨다. 그림 13-23과 같이 이긴 사람이 선택한 위치를 모두 볼 수 있어야 한다.

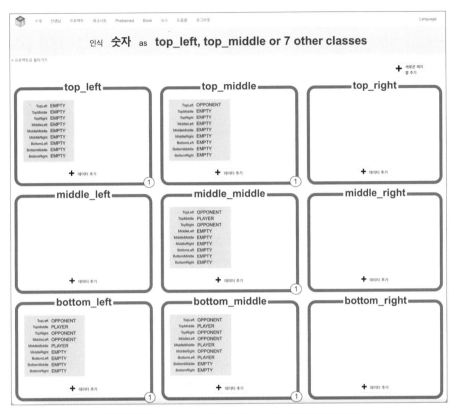

그림 13-23 그림 12-22의 게임 내용과 훈련 데이터를 비교한다.

3. 이제 새로운 머신러닝 모델을 만들었으므로 컴퓨터가 모델을 사용해 이길 수 있도록 스크래치 게임을 업데이트한다. 그림 13-24와 같이 코드 영역을 스크롤해 `use machine learning model 정의하기` (머신러닝 모델 사용 정의하기) 스크립트를 찾는다.

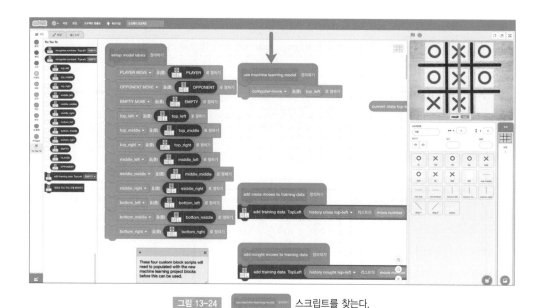

그림 13-24 ![use machine learning model 정의하기] 스크립트를 찾는다.

그림 13-25의 스크립트로 업데이트해서 컴퓨터가 머신러닝 모델을 사용해 최적의 위치를 찾을 수 있도록 한다.

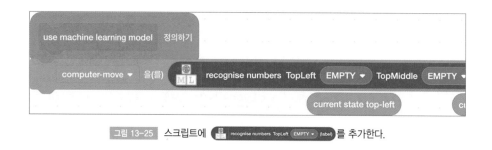

그림 13-25 스크립트에 ![recognise numbers TopLeft EMPTY ▼ (label)]를 추가한다.

NOTE recognise numbers (confidence)(숫자(신뢰도) 인식하기) 블록이 아니라 recognise numbers (label) 블록을 사용해야 한다. 머신러닝 모델의 높은 신뢰도가 아닌 최선의 선택을 사용한다.

4. 그림 13-26과 같이 주황색 블록을  블록으로 드래그한다. 앞 단계와 마찬가지로 필요한 주황색 블록은 프로젝트 템플릿 바로 아래에 있다. 이 코드 블록은 머신러닝 모델이 게임판의 현재 상태를 이용해 다음번에 둘 최고의 위치를 찾을 수 있도록 한다.

왼쪽에서 시작해 게임판의 9개 공간 모두에 대해 9개의 블록을 추가한다. 각 블록의 이름이 일치하는지 확인한다. 예를 들어, current state top-middle(위 가운데의 현재 상태) 블록은 TopMiddle 공간으로 가야 한다.

그림 13-26 | 블록의 이름이 정확하게 일치하는지 확인한다.

게임 평가하기

이제 프로젝트를 실행해보자!

게임을 할 때마다 학습하도록 코딩했으므로 시간이 지날수록 컴퓨터가 게임을 더 잘하게 되는 것을 볼 수 있다. 하지만 실제로 컴퓨터가 잘하고 있는지 어떻게 확인할 수 있을까?

한 가지 방법은 게임을 많이 한 다음, 머신러닝 모델이 훈련한 양에 따라 이긴 횟수가 증가하는지 그래프로 그려 확인하는 것이다.

여기서는 틱택토 게임을 300번 한 다음 이기고, 비기고, 진 게임의 횟수를 계산했다. 이 결과를 그림 13-27과 같이 막대그래프로 그렸다. 각 가로축은 10번의 틱택토 게임을 나타낸다. 초록색은 필자가 이긴 게임이며, 주황색은 비긴 게임, 빨간색은 머신러닝 시스템이 이긴 게임을 나타낸다.

맨 왼쪽의 막대그래프는 필자가 한 10게임의 결과다. 필자는 10게임을 모두 이겼다.

두 번째 막대그래프는 다음 10게임을 한 결과다. 이 10게임에서도 필자는 컴퓨터를 모두 이겼다.

맨 오른쪽 막대그래프는 마지막 10게임의 결과다. 결과는 2승 4무 4패다.

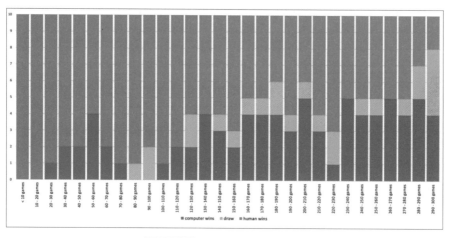

그림 13-27 틱택토 게임 300번의 결과

처음 10게임은 쉽게 이겼다. 컴퓨터가 어리석게 둬서 이기려고 애쓰지 않아도 됐다. 하지만 마지막 10게임에서는 이기기 어려웠다. 게임에서 이기려면 한 치의 실수가 없도록 집중해야만 했다. 필자의 감정을 그래프로 표현할 수는 없지만 게임을 하는 동안 컴퓨터의 성능이 점점 더 좋아지고 있다고 느낄 수 있었다.

모든 머신러닝 프로젝트가 똑같이 진행되지는 않을 것이므로 여러분만의 모델을 훈련시키면서 어떻게 배우고 개선하는지 측정해보길 바란다. 훈련 데이터를 많이 수집할수록 여러분의 머신러닝 모델의 성능이 개선되길 바란다. 필자처럼 어떤 변화가 일어나는 것을 알아차릴 수 있을 것이다.

⟳ 프로젝트 검토 및 개선

여러분과 틱택토 게임을 하도록 학습하는 머신러닝 시스템을 만들었다. 시스템을 직접 훈련하는 데 가장 큰 도전은 수백 번의 게임을 하는 데 걸리는 시간이다. 훈련 데이터를 더 효율적으로 수집할 방법이 있을까?

한 가지 일반적인 방법은 많은 사람의 도움을 받는 것이다. 필자는 게임을 직접 300번 하는 대신 스크래치 프로젝트를 저장한 다음, 프로젝트 파일을 친구 30명에게 주고 각각 10번씩 게임을 해달라고 요청했다. 한 사람이 10게임을 하는 데는 시간이 얼마 걸리지 않으므로 작업을 나눠서 하면 더 쉽게 훈련시킬 수 있다.

이제 300명, 아니 3,000명에게 도움을 요청할 수 있다고 생각해보라!

머신러닝 모델 훈련을 많은 사람이 나눠서 하면 얻을 수 있는 이점을 알 수 있길 바란다. 이런 작업을 크라우드소싱crowdsourcing이라고도 한다. 이를 위해 많은 사람을 찾을 수 있어야 하며, 이 사람들에게 여러분이 원하는 것을 설명하고, 모든 사람이 여러분의 머신러닝 모델이 원하지 않는 일을 하도록 훈련하지 않게 조정하는 등 몇 가지 어려운 문제가 있다. 하지만 그럼에도 훈련에 많은 사람을 동원하는 것은 수많은 복잡한 프로젝트에서 가장 좋은 방법 중 하나다.

⟳ 13장에서 배운 내용

13장에서는 수십 년 동안 사람들이 머신러닝을 이해하는 데 틱택토 게임을 활용한 사실을 알게 됐다. 숫자를 인식하도록 머신러닝 모델을 훈련시키고 틱택토 게임판의 각 칸을 숫자로 나타냈다. 이 프로젝트는 영국의 인공지능 연구자 도너드 미치가 성냥갑과 유리구슬을 사용해 수행한 MENACE 프로젝트를 기반으로 한다. 각각의 성냥갑은 훈련 데이터로 수집한 것과 같이 게임판의 상태를 나타낸다. 성냥갑 안에 들어 있는 유리구슬의 개수는 훈련 버킷에 들어 있는 훈련 데이터의 개수와 같다.

또한 머신러닝 모델의 성능을 개선하기 위해서는 많은 훈련 데이터가 필요하다는 사실도 알게 됐다. 게임이 끝날 때마다 승자가 둔 곳의 위치가 훈련 데이터로 업데이트되므로 모델의 성능이 점차 좋아지며 이기기 어려워진다. 크라우드소싱을 하거나 많은 사람이 모델 훈련에 참여하면 여러분의 시간과 노력을 아낄 수 있다는 사실도 알게 됐다.

14장에서는 머신러닝 프로젝트가 잘못될 수도 있다는 사실을 알아보도록 한다.

14

컴퓨터를 혼란하게 만들기

지금까지 머신러닝으로 할 수 있는 일들과 실제로 응용할 수 있
는 방법을 알아봤다. 하지만 지금까지 살펴봤듯 머신러닝 시스
템은 완벽하지 않으며 모든 것을 알고 있지도 않다. 머신러닝 시스템의
동작 방식은 학습에 사용되는 훈련 데이터에 영향을 받는다. 머신러닝
시스템을 훈련하는 방식은 머신러닝 시스템의 반응에 영향을 미치지만,
항상 긍정적인 방향으로 영향을 주지는 않는다. 14장에서는 인공지능 시
스템을 만드는 데 가장 큰 걸림돌 중 하나인 편향bias에 대해 알아본다.

14장의 프로젝트는 인공지능을 공부하는 학생들에게 자주 들려주는 러시아 탱크 문제^{Russian Tank problem}라는 오래된 이야기를 바탕으로 한다. 이 이야기는 아마 사실이 아니겠지만 머신러닝 훈련 데이터의 편향이 미치는 영향을 보여준다.

러시아 탱크 문제는 다음과 같다.

> 미국 육군은 숲속 나무 뒤에 숨어 있는 탱크를 인식하기 위해 머신러닝을 사용하기로 했다. 연구원들은 탱크가 없는 숲의 사진과 같은 숲에서 나무 뒤에 탱크가 숨어 있는 사진을 사용해 머신러닝 모델을 훈련시켰다.

> 이 모델은 연구원들의 사진들로 작 동작하는 것 같았지만 미국 육군이 평가했을 때 무작위로 추측하는 것과 별반 다를 바가 없었다.

> 연구원들의 훈련 데이터에 있는 사진들은 흐린 날 찍은 위장 탱크의 사진이었지만 평야의 숲 사진은 맑은 날에 찍은 것으로 드러났다. 머신러닝 모델은 위장 탱크를 인식하는 법이 아닌 맑은 날과 흐린 날을 인식하는 법을 배웠다.

러시아 탱크 문제의 다른 형태는 다음과 같다.

> 미국 육군은 러시아 탱크와 미국 탱크의 차이를 인식하도록 컴퓨터를 훈련시켰다. 연구원들은 자신들이 찍은 미국 탱크 사진과 스파이가 찍은 러시아 탱크 사진을 사용해 머신러닝 모델을 훈련시켰다.

> 이 모델은 연구원들의 사진들로 잘 동작하는 것 같았지만 미국 육군이 평가했을 때 무작위로 추측하는 것과 별반 다를 바가 없었다.

> 연구원들의 훈련 데이터에 있는 미국 탱크 사진은 크고 해상도가 높은 양질의 사진이었지만 원거리에서 러시아 탱크를 찍은 사진은 흐릿하고 해상도가 낮은 거친 사진이었다.

머신러닝 모델은 위장 탱크를 인식하는 법이 아닌 거친 사진과 양질의 사진을 인식하는 법을 배웠다.

또 다른 예로 스탠퍼드 대학교^{Stanford University} 연구원들이 사진에서 피부암을 인식하도록 머신러닝 시스템을 개발할 때 실수로 눈금자를 인식하는 머신러닝 모델을 만들었다. 피부암의 의료 사진에는 보통 병변이나 종양의 크기를 보여주는 눈금자가 포함돼 있었기 때문이다.

이 이야기들의 요점은 의도치 않은 편향으로 인해 머신러닝 시스템이 제작자가 미처 몰랐거나 패턴으로 취급할 의도가 없었던 패턴을 배울 수 있다는 점이다.

14장에서는 사물의 사진을 인식하는 이미지 분류기^{image classifier}를 만들어보는데, 편향을 제공해 분류기가 제대로 작동하지 않게 만든다. 먼저 머신러닝 모델의 실수를 유발하는 원인을 살펴보고 이런 문제를 해결할 방법을 살펴보도록 한다.

⟳ 프로젝트 만들기

컴퓨터가 사진으로 인식해야 할 두 가지 사물을 선택한다. 확실히 차이가 나는 대상을 선택한다. 프로젝트를 위해 인터넷에 사진을 올려야 하니 너무 개인적인 것을 선택하지 않도록 한다.

여기서는 부엌에서 찾은 레몬과 자몽을 골랐지만, 여러분은 원하는 아무것이나 고르면 된다.

첫 번째 대상을 아무 곳에나 내려놓고, 10장의 사진을 비슷하게 찍는다. 고해상도 사진일 필요는 없다. 가로가 800픽셀 이하인 작은 사진이 가장 좋다.

여기서는 자몽을 어두운 방의 나무 바닥에 내려놓고 그림 14-1과 같은 사진을 찍었다.

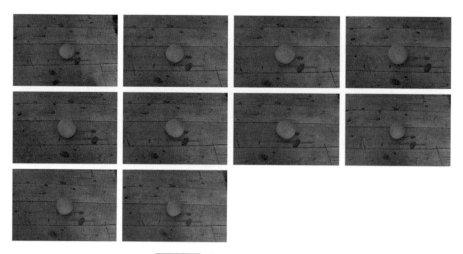

그림 14-1 첫 번째 대상인 자몽 사진

두 번째 대상을 다른 곳에 내려놓고 10장의 사진을 찍는다.

여기서는 레몬을 밝게 불을 켠 방의 크림색 카펫 위에 내려놓고 그림 14-2와 같은 사진을 찍었다.

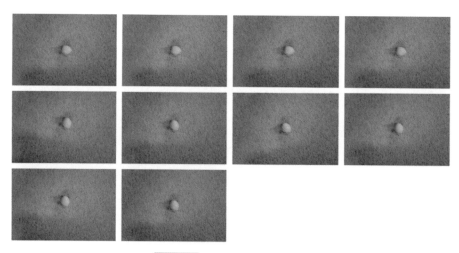

그림 14-2 두 번째 대상인 레몬 사진

물체를 너무 크게 찍으면 안 된다. 그림 14-1과 14-2와 같이 각 사진에서 대상이 같은 위치에 있도록 찍는다.

여기에서 목표는 각 대상에 대해 10장의 사진 모두 매우 비슷하게 찍는 것이지만, 두 대상에 대해서는 대상이나 배경, 빛 등 모든 것을 다르게 해서 찍어야 한다. 예를 들어, 첫 번째 대상의 사진의 배경이 어둡다면 두 번째 대상의 사진은 배경을 밝게 해야 한다. 이때 첫 번째 대상 사진의 배경은 모두 어두워야 하며, 두 번째 대상 사진의 배경은 모두 밝아야 한다.

두 대상의 사진을 다르게 찍을 수 있는 몇 가지 아이디어는 다음과 같다.

첫 번째 대상 사진의 배경이 다음과 같다면	두 번째 대상 사진을 다음 배경에서 찍는다.
어두운 배경	밝은 배경
타일 배경	잔디 배경
밝은 배경	어두운 배경
선명하고 초점이 잘 맞는 바깥 정원 배경	흐릿하고 초점이 맞지 않은 실내 배경

위의 사진을 다시 한번 더 살펴보길 바란다. 그림 14-1의 사진은 모두 어두운 조명에서 찍었으며 어두운 갈색 표면의 나무 바닥 배경이다. 그림 14-2의 사진은 모두 밝은 조명에서 찍었으며 크림색의 얼룩 카펫 배경이다.

필자의 사진을 따라 할 필요는 없다. 창의적으로 사진을 찍어보자.

20장의 사진을 찍었으면 훈련에 사용할 수 있도록 인터넷에 올려야 한다. 무료로 이용할 수 있는 사진 호스팅 웹 서비스를 이용한다(프로젝트에 사용할 사진은 그다지 흥미로운 내용이 아니므로 새로 계정을 만들어서 사진을 올려도 좋다!).

가장 중요한 것은 로그인하지 않고도 접근할 수 있는 곳에 사진을 업로드하고 머신러닝 시스템이 사진에 접근해 학습할 수 있도록 해야 한다.

모델 훈련시키기

1. https://machinelearningforkids.co.uk/로 이동해 새로운 머신러닝 프로젝트를 만들고 이름을 Confuse the computer(컴퓨터 혼란하게 하기)로 한다. 그리고 이미지 인식 방법을 학습하도록 설정한다.

> **NOTE** 머신러닝 프로젝트를 만드는 방법을 모른다면 2장의 41쪽 '새로운 머신러닝 프로젝트 만들기' 절을 참고한다.

2. 그림 14-3의 **훈련**을 클릭한다.

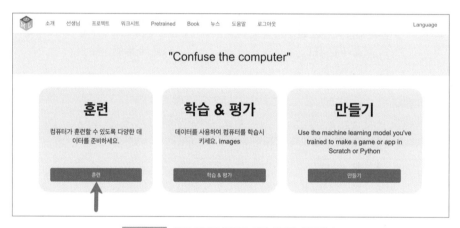

그림 14-3 훈련 버킷을 만들기 위해 **훈련**을 클릭한다.

3. 그림 14-4의 화면에서 **새로운 레이블 추가**를 클릭한 다음, 버킷의 이름을 여러분이 선택한 두 대상의 이름으로 한다(여기서 선택한 이름은 훈련에 아무런 영향을 주지 않지만, 여러분이 구별하기 편하도록 한다). 여기서는 grapefruit^{자몽}과 lemon^{레몬}으로 했다.

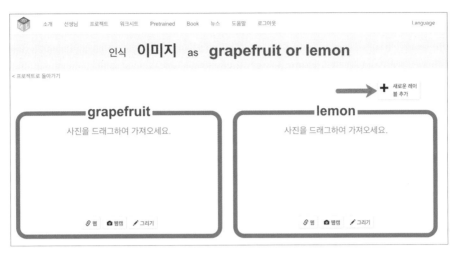

그림 14-4 여러분이 선택한 대상의 훈련 버킷을 만든다.

4. 훈련 데이터를 버킷에 추가한다. 그림 14-5와 같이 2개의 브라우저를 나란히 배치한다. 하나는 훈련 버킷이 있어야 하고, 다른 하나는 사진 공유 웹사이트여야 한다.

사진 공유 사이트에서 사진을 드래그해 훈련 버킷으로 옮긴다.

그림 14-5 두 개의 브라우저를 나란히 배치하고 사진을 훈련 버킷으로 드래그한다.

5. 그림 14-6과 같이 20장의 사진을 모두 훈련 버킷에 옮긴다.

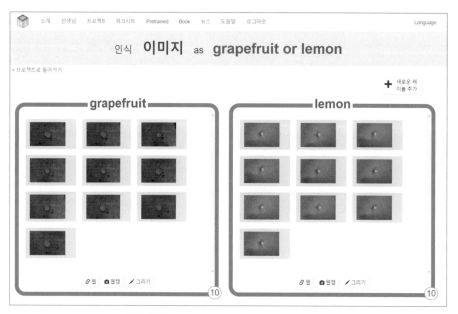

그림 14-6 훈련 사진을 훈련 버킷으로 모두 옮긴다.

6. **프로젝트로 돌아가기**를 클릭한다.

7. **학습 & 평가**를 클릭한다.

8. 그림 14-7의 화면에서 **새로운 머신러닝을 훈련시켜보세요**를 클릭한다.

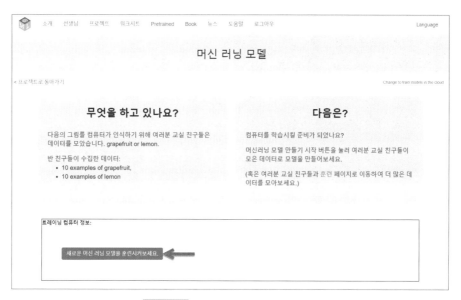

그림 14-7 머신러닝 모델 훈련을 시작한다.

학습 과정은 몇 분 정도 걸리지만, 다음 단계로 바로 이동해 프로젝트를 준비할 수 있다.

프로젝트 준비하기

이번에는 두 대상에 대해 배경을 서로 바꿔 사진을 찍는다. 다시 말해, 첫 번째 대상을 찍은 배경으로 두 번째 대상을 찍는다. 두 번째 대상을 찍은 배경으로 첫 번째 대상을 찍는다.

여기서는 어두운 나무 바닥을 배경으로 레몬을 찍고, 밝은 크림색 카펫을 배경으로 자몽을 찍는 것을 의미한다. 그림 14-8의 평가 사진을 그림 14-1과 14-2의 사진과 비교해보라.

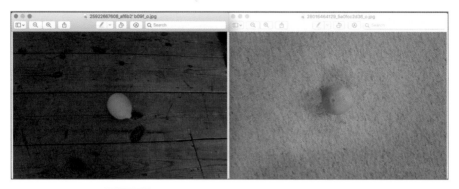

그림 14-8 평가 사진을 위해 배경을 서로 바꿔 사진을 찍는다.

평가 사진을 어딘가에 올릴 필요는 없다. 평가를 위해 컴퓨터가 사용할 수만 있으면 된다.

1. 화면에서 왼쪽 위의 **프로젝트로 돌아가기**를 클릭한 다음, 그림 14-9에서 **만들기**를 클릭한다.

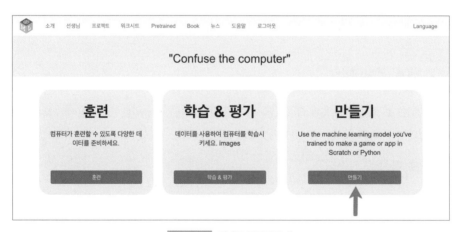

그림 14-9 평가를 만들어본다!

2. 그림 14-10에서 **스크래치 3**을 클릭한다.

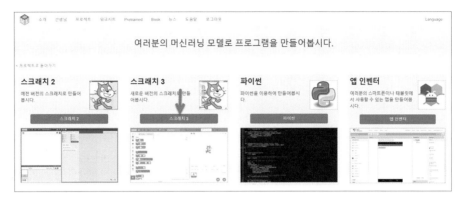

그림 14-10 모델을 평가하기 위해 **스크래치 3**을 클릭한다.

3. **스크래치 3 열기**를 클릭한다.

4. 마우스를 오른쪽 아래의 스프라이트 고르기 아이콘 위로 이동한다. 그림 14-11처럼 **스프라이트 업로드하기**를 클릭한다. 새 평가 사진 중 한 장을 업로드한다.

그림 14-11 새로운 스프라이트를 업로드한다.

5. 그림 14-22의 스크립트를 작성한다. 이 스크립트는 스프라이트의 모양 이미지를 인식해 머신러닝 모델이 사진을 인식한 내용을 표시한다.

그림 14-12 ┃ 간단한 평가 스크립트를 작성한다.

6. 다시 Upload Sprite를 클릭해 두 번째 평가 사진을 업로드한다. 5단계와 같이 두 번째 스프라이트에 대해 그림 14-13의 스크립트를 작성한다.

그림 14-13 ┃ 두 번째 스프라이트를 업로드하고 다른 평가 스크립트를 작성한다.

프로젝트 평가하기

이제 프로젝트를 평가해보자! 프로젝트의 스크립트는 새로운 평가 사진을 모두 분류하고 머신러닝 모델이 어떤 것으로 인식했는지 표시한다. 녹색 깃발을 클릭해 머신러닝 모델을 평가한다.

결과는 그림 14-14와 같다.

예상했겠지만 머신러닝 모델은 잘못된 답을 했을 것이다.

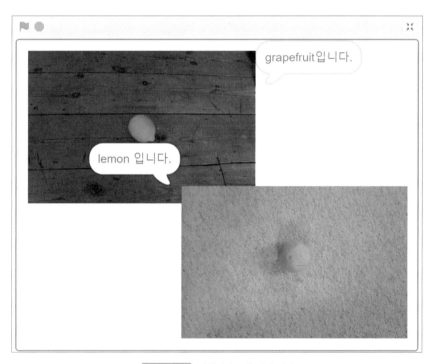

그림 14-14 머신러닝 모델 평가 결과

최첨단 기술로 머신러닝 모델을 훈련했지만 사람이 쉽게 구별할 수 있는 레몬과 자몽의 차이를 구별할 수 없었다.

왜 이런 일이 발생했을까?

⟲ 프로젝트 검토 및 개선

머신러닝 모델이 잘못된 답을 한 데에는 여러 가지 이유가 있다. 사진에 찍힌 영역을 살펴보자. 대상의 크기는 사진 전체 면적의 약 5%에 해당한다. 그림 14-15와 같이 각 사진의 배경 면적은 약 95%이다.

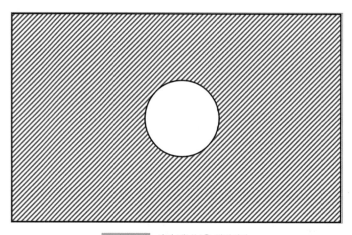

그림 14-15 사진 대부분은 배경이다.

머신러닝 모델을 만들 때 컴퓨터가 수집한 훈련 데이터의 공통점을 식별해 미래에 비슷한 특성이 있는 어떤 것이 주어졌을 때 공통점을 인식하도록 한다.

레몬 사진으로 모델을 평가했을 때, 사진의 영역 95%는 그림 14-1의 모든 자몽 훈련 사진의 영역 95%와 매우 비슷했다. 우리가 머신러닝 모델을 훈련할 때 우리가 관심이 있는 것은 사진의 중앙에 있는 5%지 나머지 부분이 아니라고 알려줄 방법이 없다.

훈련 사진과 평가 사진을 나란히 놓고 보면, 모델이 그렇게 인식한 이유를 알 수 있다.

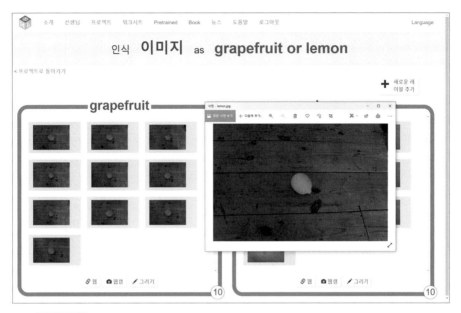

그림 14-16 그림 14-16 평가 사진과 훈련 사진을 비교해보면 머신러닝 모델이 잘못 인식한 이유를 알 수 있다.

사진 전체를 보면 그림 14-16의 오른쪽에 있는 평가 사진의 대부분 영역은 'grapefruit'으로 라벨링한 모든 사진의 대부분 영역과 비슷하다.

머신러닝 시스템은 여러분이 제공한 훈련 데이터의 패턴을 식별하고 인식하도록 설계됐지만, 이런 패턴은 여러분이 의도하거나 인식한 패턴은 아니다.

프로젝트를 개선할 방법이 있을까?

여러분이 할 수 있는 일이 몇 가지 있다. 예를 들어, 그림 14-17과 같이 대상이 전체 이미지의 많은 영역을 차지한다면 도움이 될 수 있다.

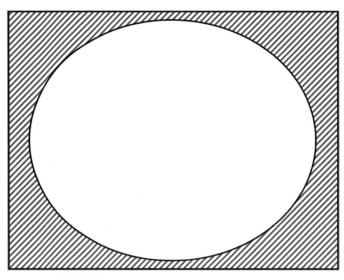

그림 14-17 사진에서 대상이 차지하는 영역을 더 크게 한다.

그러나 이런 해결책은 모든 평가 이미지에서 대상의 크기가 비슷한 경우에만 유용할 것이다.

> **NOTE** 훈련 데이터의 공통점은 머신러닝 모델이 인식하길 바라는 속성일 뿐 이다.

이 프로젝트의 경우에는 두 대상을 다양한 장소와 배경, 조명, 크기, 각도, 그리고 방향으로 많은 사진을 찍는 것이 가장 좋다. 훈련 데이터의 공통점이 대상 자체가 되도록 생각할 수 있는 모든 것들을 다르게 해서 훈련 데이터를 만들어야 한다.

예를 들어, 그림 14-18의 자몽 사진들은 훈련에 사용할 수 있는 좋은 훈련 데이터의 예다.

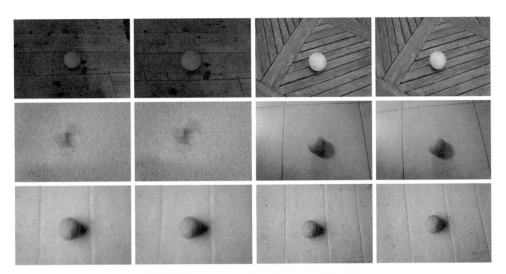

그림 14-18 머신러닝 모델 훈련에 더 좋은 훈련 데이터

훈련 데이터의 배경이나 조명, 초점 수준을 다양하게 하는 것이 자몽 자체만을 이미지 간의 공통점으로 식별하도록 머신러닝 모델을 훈련시키는 데 좋은 출발점이 된다.

이보다 훈련을 더 잘 시킬 수 있다. 예를 들어, 이 훈련 이미지에서 자몽의 위치와 크기는 모두 같다. 모델을 평가할 때 평가 사진 속의 대상의 크기와 위치가 같다면 이런 훈련 데이터도 괜찮다.

하지만 정말로 유연한 모델을 만들기 위해 자몽의 크기와 위치를 다르게 한 사진을 추가할 수 있다.

두 대상에 대한 훈련 데이터를 개선한 다음, 새로운 머신러닝 모델을 훈련시킨다.

다양한 훈련 데이터로 훈련시킨 모델은 평가를 통과하는가?

⟳ 14장에서 배운 내용

14장에서는 다양한 훈련 데이터를 사용하는 것이 얼마나 중요한지 알아봤다. 위장 탱크 대신 우연히 날씨를 인식하는 군사 프로젝트나 피부암 분류기 대신 눈금자 탐지기를 개발한 대학 연구 프로젝트, 또는 레몬과 자몽을 구별하지 못하는 간단한 프로젝트에서 머신러닝 모델 훈련에 사용한 데이터의 의도치 않은 편향이 영향을 미칠 수 있음을 살펴봤다.

15장에서는 머신러닝 프로젝트에서 의도적인 편향이 미칠 수 있는 위험에 대해 알아본다.

15

컴퓨터를 편향에 빠뜨리기

14 장에서는 훈련 데이터가 편향에 치우치도록 만들어 머신러닝 시스템을 훈련시키면 머신러닝 시스템이 잘못된 답을 할 수 있음을 배웠다.

15장에서는 머신러닝 시스템의 대답에 영향을 미치고자 일부러 편향에 빠뜨리는 방법을 알아본다. 15장의 프로젝트에서 사람들이 좋아하는 종류의 영화를 바탕으로 영화를 추천하는 앱을 만들어본다. 하지만 추천에 영향을 미치도록 모델을 훈련시킨다.

⊃ 프로젝트 만들기

추천 앱에서 선택해야 할 영화 목록을 만들기 위해 세 편의 영화를 선택한다.
여기서는 영화 추천 앱을 통해 사람들이 고전 영화classic movie를 찾을 수 있도록
그림 15-1과 같은 1920년대의 영화 세 편을 선택했다. 여러분의 프로젝트에서
는 최신 영화를 선택해도 된다.

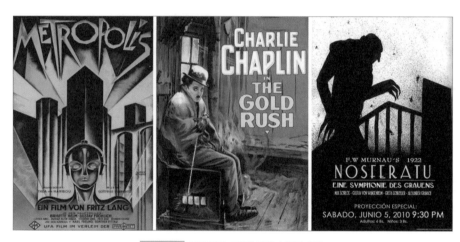

그림 15-1   프로젝트 시작을 위해 선택한 영화

여러 사람이 즐길 수 있는 아주 다른 세 편의 영화를 선택한다.

여기서는 공상과학 영화 메트로폴리스Metropolis와 코미디 영화 골드러시The Gold
Rush, 공포 영화 노스페라투Nosferatu를 선택했다.

모델 훈련시키기

1. https://machinelearningforkids.co.uk/로 이동해 새로운 머신러닝 프
   로젝트를 만들고 이름을 Bias편향으로 한다. 그리고 텍스트 인식 방법을
   학습하도록 설정한다.

2. 그림 15-2에서 **훈련**을 클릭한다.

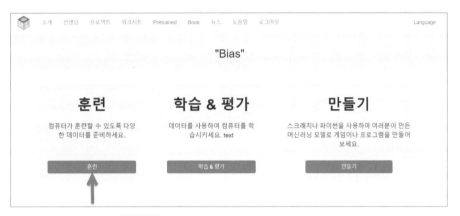

그림 15-2 훈련은 머신러닝 프로젝트의 첫 번째 단계다.

3. 그림 15-3의 화면에서 **새로운 레이블 추가**를 클릭한 다음, 세 편의 영화에 대한 훈련 버킷을 추가한다.

그림 15-3 세 편의 영화에 대한 훈련 버킷을 만든다.

4. 그림 15-4와 같이 첫 번째 영화 훈련 버킷의 **데이터 추가**를 클릭한다. 첫 번째 영화를 좋아하는 사람이 할 법한 말들을 입력한다.

예를 들어, 첫 번째 영화 메트로폴리스는 미래를 배경으로 한 공상과 학 영화이므로 '나는 미래 지향적인 영화를 좋아해'를 입력했다.

그림 15-4 첫 번째 영화를 좋아하는 사람이 할 법한 말들을 추가한다.

5. **추가**를 클릭한다.

6. 그림 15-5와 같이 각 영화에 대한 말들이 최소 5개가 될 때까지 4~5 단계를 반복한다.

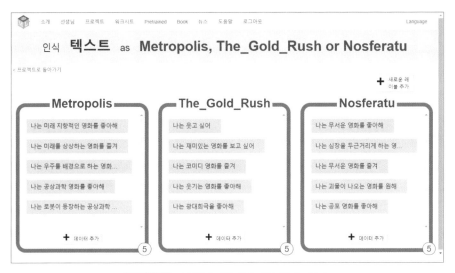

인식 **텍스트** as **Metropolis, The_Gold_Rush or Nosferatu**

‹ 프로젝트로 돌아가기

+ 새로운 레
이블 추가

━ Metropolis ━

나는 미래 지향적인 영화를 좋아해

나는 미래를 상상하는 영화를 즐겨

나는 우주를 배경으로 하는 영화...

나는 공상과학 영화를 좋아해

나는 로봇이 등장하는 공상과학 ...

+ 데이터 추가

⑤

━ The_Gold_Rush ━

나는 웃고 싶어

나는 재미있는 영화를 보고 싶어

나는 코미디 영화를 즐겨

나는 웃기는 영화를 좋아해

나는 광대희극을 좋아해

+ 데이터 추가

⑤

━ Nosferatu ━

나는 무서운 영화를 좋아해

나는 심장을 두근거리게 하는 영...

나는 무서운 영화를 즐겨

나는 괴물이 나오는 영화를 원해

나는 공포 영화를 좋아해

+ 데이터 추가

⑤

그림 15-5 각 영화에 대한 훈련 데이터를 추가한다.

7. 화면에서 왼쪽 위의 **프로젝트로 돌아가기**를 클릭한다.

8. **학습 & 평가**를 클릭한다.

9. 그림 15-6의 화면에서 **새로운 머신러닝을 훈련시켜보세요**를 클릭한다.

컴퓨터가 훈련 데이터로 학습하고 새로운 머신러닝 모델을 만드는 과
정은 몇 분 정도 걸리지만, 다음 단계로 바로 이동해 프로젝트를 준비
할 수 있다.

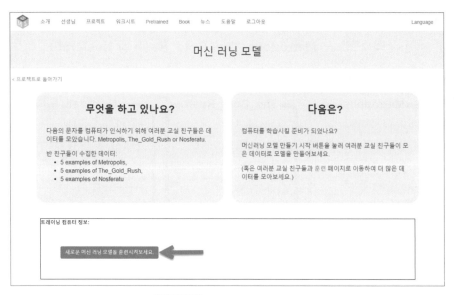

머신 러닝 모델

< 프로젝트로 돌아가기

무엇을 하고 있나요?

다음의 문자를 컴퓨터가 인식하기 위해 여러분 교실 친구들은 데이터를 모았습니다. Metropolis, The_Gold_Rush or Nosferatu.

반 친구들이 수집한 데이터:
- 5 examples of Metropolis,
- 5 examples of The_Gold_Rush,
- 5 examples of Nosferatu

다음은?

컴퓨터를 학습시킬 준비가 되었나요?

머신러닝 모델 만들기 시작 버튼을 눌러 여러분 교실 친구들이 모은 데이터로 모델을 만들어보세요.

(혹은 여러분 교실 친구들과 훈련 페이지로 이동하여 더 많은 데이터를 모아보세요.)

트레이닝 컴퓨터 정보:

새로운 머신 러닝 모델을 훈련시켜보세요.

그림 15-6 | 머신러닝 모델을 만든다.

프로젝트 준비하기

이제 ML 모델이 만들어졌으므로 모델을 사용할 추천 앱을 만들어보자.

1. 화면에서 왼쪽 위의 **프로젝트로 돌아가기**를 클릭한다.

2. **만들기**를 클릭한다.

3. **스크래치 3**을 클릭한 다음, **스크래치 3 열기**를 클릭해 새로운 창에서 스크래치를 연다.

4. 그림 15-7과 같이 **모양** 탭을 클릭하고 화면 왼쪽 아래에서 마우스 포인터를 스프라이트 고르기 아이콘 위로 이동한 다음, **스프라이트 업로드하기**를 클릭해 영화 포스터를 업로드한다.

인터넷에서 사진을 다운로드해 컴퓨터에 저장하는 방법은 5장 99쪽 1단계를 참고한다. 컴퓨터에 영화 포스터 사진을 저장하지 않았다면 모양 고르기 메뉴의 **그리기**를 클릭해 포스터를 그리거나 영화 제목을 쓸 수 있다.

그림 15-7 모양을 업로드한다.

5. 그림 15-8과 같이 첫 번째 영화의 포스터를 업로드한다.

그림 15-8　첫 번째 영화를 나타내는 모양을 만든다.

6. 그림 15-9와 같이 세 편의 영화 포스터를 같은 스프라이트에 대한 모양으로 추가할 때까지 4~5단계를 반복한다.

각 모양의 이름을 영화의 제목과 같게 한다.

NOTE 영화 포스터를 개별 스프라이트로 추가하면 안 된다. 포스터를 하나의 스프라이트에 대한 세 개의 모양으로 정확하게 추가했다면 화면은 그림 15-9와 같을 것이다.

그림 15-9 각 영화에 대한 모양을 만든다.

7. **코드** 탭을 클릭해 그림 15-10의 스크립트를 작성한다. 세 편의 영화 이
   름을 사용하려면 스크립트를 업데이트해야 한다.

   이 스크립트는 사람들에게 어떤 종류의 영화를 좋아하는지 물어본 다
   음, 머신러닝 모델을 사용해 목록에 있는 세 편의 영화 중에서 한 편을
   추천한다.

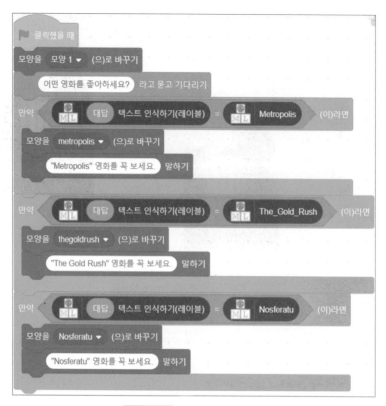

그림 15-10 스크립트를 작성한다.

8. 여러분이 생각하는 영화 추천 앱의 형태가 되도록 프로젝트를 디자
   인한다. 페인트 편집기^{paint editor}를 사용하거나(3장 참고) 웹캠으로 사진
   을 찍거나(4장 참고) 컴퓨터에 저장한 사진을 업로드하거나(5장) 스크래
   치 라이브러리에서 미리 만들어진 디자인을 선택해(5장 참조) 배경과 스
   프라이트를 업데이트한다. 창의적으로 디자인해보자! 여기서는 그림
   15-11과 같이 앱을 디자인했다.

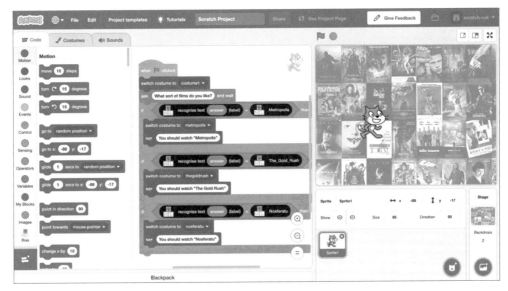

그림 15-11　영화 추천 앱을 디자인한다.

9.　**파일 > 컴퓨터에 저장하기**를 클릭한 다음, 프로젝트를 저장한다.

프로젝트 평가하기

녹색 깃발을 클릭해 프로젝트를 평가한다.

좋아하는 영화를 묘사하는 다양한 문장을 입력한 다음, 프로젝트가 어떤 영화를 추천하는지 확인한다. 머신러닝 모델이 새로운 문장을 인식하도록 훈련했는지 알아보기 위해 훈련 버킷에 있는 단어나 문구는 사용하지 않도록 한다.

편향에 빠뜨리기

프로젝트로 돌아가기 Back to project를 클릭한 다음, **훈련**Train을 클릭해 훈련 단계로 돌아간다.

이제 처음 세 편의 영화 중 하나와 비슷한 네 번째 영화를 선택한다. 여기서는 노스페라투와 조금 비슷한 공포 영화 프랑켄슈타인^{Frankenstein}을 선택했다.

새로운 레이블 추가하기를 클릭해 네 번째 영화에 대한 훈련 버킷을 만든다.

첫 번째 영화(여기서는 노스페라투)에서 훈련 데이터 몇 개를 삭제하고, 삭제한 훈련 데이터를 새로운 영화(여기서는 프랑켄슈타인)의 훈련 데이터로 추가한다.

작업이 끝난 화면은 그림 15-12와 같아야 한다.

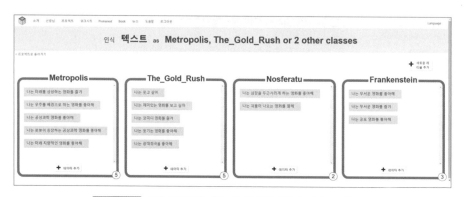

그림 15-12 훈련 데이터 몇 개를 새로운 영화의 훈련 버킷으로 옮긴다.

새로운 영화에 12개의 훈련 문장을 추가한다. 결과는 그림 15-13과 같아야 한다.

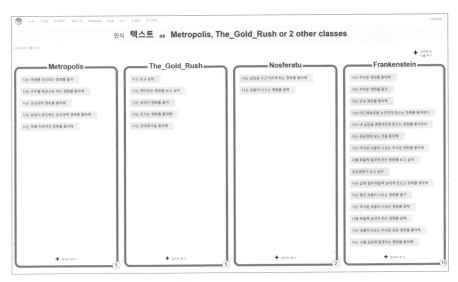

그림 15-13 새로운 영화에 대한 훈련 데이터

프로젝트로 돌아가기를 클릭한 다음, **학습 & 평가**를 클릭한다. 업데이트한 훈련 데이터로 새로운 머신러닝 모델을 훈련시킨다.

훈련이 끝나면 프로젝트로 돌아가기와 만들기를 클릭한 다음, 스크래치 3을 다시 연다.

> **NOTE** 새로운 영화 이름의 블록을 표시하려면 스크래치 창을 닫은 후에 새로운 스크래치 창을 열어야 한다.

앞에서 저장한 스크래치 프로젝트를 다시 불러오려면 **파일 › Load from your computer**를 클릭한다. 새로운 영화를 추가하기 위해 프로젝트를 업데이트한다. 이는 그림 15-14와 같이 새 영화에 대한 포스터로 모양을 추가하고, 새 영화를 인식하고 추천하도록 네 번째 if 블록으로 스크립트를 업데이트하는 것을 의미한다.

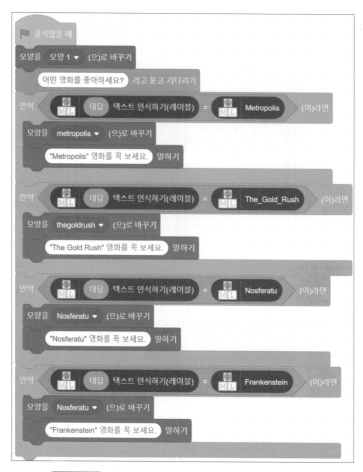

그림 15-14　네 번째 영화를 추가하도록 프로젝트를 업데이트한다.

편향된 프로젝트 평가하기

프로젝트를 다시 평가한다. 특히 네 번째 영화의 선호도가 비슷한 영화보다 높다는 것을 알아야 한다.

여기서는 심장이 뛰거나 아드레날린을 솟구치게 하거나 괴물이 나오는 무서운 영화에 대해 언급하면 머신러닝 모델은 이전에 추천한 노스페라투가 아닌 항상 프랑켄슈타인을 추천한다는 것을 의미한다. 때로는 하나를 추천하다가 다른 때에는 다른 것을 추천하는 데 균형을 맞추지 못한다. 모델은 프랑켄슈타인에 대한 선호도를 갖거나 편향에 치우쳐진 듯 보인다. 사실 훈련 문장 중 하나와 똑같은 문장을 입력하지 않는 한 노스페라투를 추천하기 어렵다.

프로젝트가 어떻게 작동하는지 확인한다. 모든 머신러닝 모델은 조금씩 다르게 동작하므로 여러분이 훈련한 모델이 작동하는 방식을 이해하길 바란다.

⟳ 프로젝트 검토

8장에서 정밀도와 재현율과 같이 머신러닝 모델의 성능을 측정하는 방법을 설명했다. 머신러닝 모델을 의도적으로 편향에 치우치도록 만들기 전후로 이 값들을 계산할 수 있다면, 편향이 프로젝트에 미치는 영향을 측정할 수 있다.

머신러닝 모델이 동작하는 방식을 확인했다고 생각한다면 이제 그렇게 동작하는 이유를 이해해보자. 그림 15-13을 다시 한번 확인한다. 머신러닝 모델이 프랑켄슈타인을 더 많이 추천하는 이유는 무엇일까?

우리는 훈련 데이터를 수집한 다음, 이 훈련 데이터의 패턴을 컴퓨터가 식별하도록 훈련시킨다. 컴퓨터는 향후 이 패턴을 사용해 새로운 데이터를 인식한다. 훈련 버킷에 추가한 훈련 데이터의 개수는 컴퓨터가 패턴을 찾는 영역 중의 하나다. 여기서는 프랑켄슈타인 훈련 버킷에 더 많은 데이터를 추가해 개별 훈련 데이터를 넘어서는 방식으로 머신러닝 모델에게 영향을 미쳤다.

아이에게 영화 추천을 가르친다고 가정해보자. A 영화를 추천해야 한다고 5번 알려주고, B 영화를 추천해야 한다고 1,000번 알려줬다고 해보자. 이렇게 하는 것이 아이에게 어떤 영향을 미칠까? 아이에게 옳은 대답이 B 영화라고 반복해서 가르친다면 아이는 추천해야 할 영화가 항상 B 영화라고 배울 것이다.

이는 머신러닝 시스템이 동작하는 방식과 비슷하다. 컴퓨터는 여러 가지 방법으로 모든 훈련 데이터에서 패턴을 찾는다. 우리는 훈련을 통해 컴퓨터에게 다른 것들보다 훈련 데이터의 패턴을 더 신뢰하게 만든다. 훈련 데이터에서 B 영화가 답이라고 알려주는 패턴과 기술, 과정을 반복해서 알려준다면 머신러닝 모델은 이런 패턴과 기술, 과정을 신뢰하도록 학습한다. A 영화가 답이 아니라 알려주는 패턴과 기술, 과정을 반복해서 알려준다면 머신러닝 모델은 이런 패턴과 기술, 과정을 신뢰하지 않도록 학습한다.

머신러닝 모델이 향후 A 영화가 답이라 알려주는 패턴, 기술, 과정을 식별했더라도 이를 믿지 않고 B 영화를 추천하게끔 하는 훈련 데이터로 머신러닝 모델을 가르쳤다.

지금까지 살펴봤듯이 각 훈련 버킷에 있는 훈련 데이터의 양은 머신러닝 시스템을 만드는 데 중요한 요소다. 버킷에 있는 훈련 데이터 개수가 균형을 이루지 못하면 머신러닝 모델이 편향에 치우치게 된다.

⟳ 편향 사례

우리는 지금까지 이 책에 실린 프로젝트에서 훈련 버킷에 있는 훈련 데이터의 수를 거의 같게 하려고 노력했다. 이는 편향을 최소화하기 위해 많은 머신러닝 프로젝트에서 기본적으로 지키는 원칙이다.

편향은 명심해야 할 중요한 요소지만, 편향이 반드시 나쁜 것만은 아니다. X와 Y, Z의 세 가지 가능한 결과 간의 차이를 인식하도록 컴퓨터를 훈련한다고 가정해보자. X와 Y가 매우 흔해 거의 항상 옳은 답이라고 해보자. 결과 Z도 나올 수 있지만 매우 드물다. Z는 거의 발생하지 않지만, 컴퓨터가 Z를 인식하도록 훈련하고 싶다.

이 상황에서 X와 Y, Z에 대해 같은 개수로 균형 잡힌 훈련 데이터는 적합하지 않을 수 있다. 따라서 X와 Y가 Z에 대해서 더 많은 훈련 데이터로 머신러닝 모델을 훈련시켜야만 X와 Y의 가능성이 더 커질 것이므로 이 경우에 더 정확하게 들어맞는다. 결과 X와 Y는 더 자주 나오고, 결과 Z는 드물게 나올 것이다. 이런 시스템은 여전히 편향돼 있지만 편향은 다른 결과의 통계적 가능성을 반영하므로 실제로 적절하며 도움이 된다.

⟳ 인공지능과 윤리

15장에서 머신러닝 시스템을 훈련하는 방법이 머신러닝 시스템이 내놓는 답에 큰 영향을 미친다는 것을 알게 됐다. 이런 사실이 인공지능 시스템을 만드는 사람들의 책임에 어떤 의미가 있다고 생각하는가? 인공지능 개발자가 훈련 데이터의 균형을 맞추거나 편향된 시스템을 만들지 않도록 해야 할 윤리적 책임이 있다고 생각하는가?

의도가 차이를 만들어낼까? 누군가 실수로 편향된 시스템을 개발했다면, 이는 시스템의 결과에 영향을 주기 위해 고의로 훈련 데이터를 왜곡한 사람들보다 다소 윤리적이라 할 수 있을까?

돈이 이런 차이를 만들어낼까? 다시 말해 네 번째 영화의 제작자가 우리에게 많은 돈을 내서 영화 추천 앱이 다른 영화보다 해당 제작자의 영화를 더 많이 추천하도록 했다면, 우리에게 이익이 되지 않는 편향된 앱을 만드는 것보다 더 윤리적일까?

주제가 이런 차이를 만들어낼까? 다시 말해 편향된 인공지능 영화 추천 앱이 의사에게 진료 방식을 추천하는 인공지능 앱과 비교해 윤리적인 걱정을 덜 해도 괜찮을까?

환자에게 처방하는 약을 추천하는 머신러닝 추천 앱을 생각해보자. 각 훈련 버 킷은 약의 종류이며, 훈련 데이터는 해당 약이 최선의 치료법이었던 환자의 의 료 기록이다. 이런 시스템이 현재 사용되고 있다. 머신러닝 시스템은 많은 양 의 상세한 의료기록에서 패턴을 인식하도록 학습할 수 있으며 이 패턴을 엄청 난 양의 의학 연구 결과와 결합할 수 있다. 이런 종류의 의료 인공지능 비서 응 용 프로그램은 아직 초기 단계지만 향후 몇 년 안에 널리 사용될 것이다.

이제 이런 시스템이 여러 답변 중에서 어느 한 답변을 더 많이 하도록 영향을 주는 것이 얼마나 쉬운지 알게 됐다. 이런 시스템을 사용하는 것을 어떻게 생 각하는가? 이론적으로 특정 약의 제조업체가 자신들의 약을 더 많이 추천하도 록 의료 인공지능 응용 프로그램 개발자에게 금전적인 보상을 해서 머신러닝 모델이 편향에 치우치도록 만들 수 있다.

사람들의 삶에 영향을 미치는 중요한 결정을 하는 데 머신러닝 시스템에 대 한 의존도가 커지고 있다. 이는 단지 의료 분야에만 해당하지 않는다. 머신러 닝 시스템은 은행이나 대출 회사가 누군가에게 보험을 제공해야 하는지, 그 사 람들이 대출을 받을 수 있는지 결정하거나 이자율 계산을 위한 금융 추천을 할 수 있다. 머신러닝 시스템은 머지않아 도로에서 자동차와 트럭을 운전할 것 이다. 이외에도 많은 응용 분야가 있다.

기업이 어떻게 머신러닝 시스템을 훈련시키는지 투명하게 공개하도록 강요하 는 것이 윤리적인 문제에 대처하는 한 가지 방법이 될 수 있다. 하지만 훈련 데 이터를 준비하는 데 얼마나 큰 노력이 필요한지 알고 있다. 기업은 다른 경쟁 자보다 더 좋은 머신러닝 시스템을 만들기 위해 훈련 데이터 수집에 많은 시간 과 자금을 투입하고 있어 많은 기업이 훈련 데이터를 비밀에 부치고 있다. 이 런 윤리 문제를 기업의 상업적 이익과 어떻게 균형을 맞출 수 있을까?

인공지능 시스템을 훈련시키거나 적용하는 방법에 대한 보호가 필요할까? 그렇다면 인공지능 윤리 정책은 개별 기업이나 정부가 만들어야 할까?

15장은 답보다 더 많은 질문으로 마무리를 하지만 이는 현재 인공지능이 겪고 있는 윤리 문제를 반영한다. 머신러닝 시스템은 우리가 다른 방법으로는 할 수 없는 일을 하도록 컴퓨터를 훈련시켜 우리의 삶 전체를 개선할 수 있는 잠재력을 갖고 있다. 하지만 사회적인 측면에서 우리는 이 기술을 얼마나 편하게 적용하고 있는지에 관한 많은 질문에 관해 생각해야 한다.

⟳ 15장에서 배운 내용

이 마지막 프로젝트에서 14장의 편향에 대한 지식을 바탕으로 다른 영화보다 특정 영화를 더 많이 추천하는 영화 추천 앱용 머신러닝 모델을 만들었다. 머신러닝 모델을 훈련시키는 데 훈련 데이터 수를 불균형하게 만들어 시스템을 고의로 편향에 치우치도록 하는 또 다른 방법이다. 또한 편향이 반드시 나쁜 것만은 아니며 때에 따라서는 적절할 수도 있지만, 인공지능 시스템이 보편화됨에 따라 편향을 둘러싼 윤리적 문제를 인식하는 것도 중요함을 배웠다.

마치며

인공지능이라 하면 많은 사람이 로봇과 공상과학 소설을 떠올린다. 이 책의 프로젝트를 통해 인공지능은 이미 현실에서, 우리 주변에서 활용되고 있다는 것을 배웠기를 바란다.

머신러닝 시스템을 만드는 과정을 이해한다면 여러분 주변 세상이 어떻게 돌아가는지 더 잘 이해할 수 있다. 이런 이해를 통해 기업은 여러분이 무엇을 생각하고, 여러분이 좋아할 만한 제품을 추천하는 방식에 대한 통찰력을 얻을 수 있다. 그리고 어떤 것을 평가하거나, 사람임을 증명하거나 또는 사진에서 얼굴을 표시하라는 요청을 받는다면 누군가의 머신러닝 시스템을 훈련시키는 것이다.

⟳ 미래

앞으로 우리의 모든 삶이 머신러닝 시스템의 영향을 받게 된다면 머신러닝 시스템을 훈련시키고 적용하는 방법에 어떤 의견을 가지게 될지도 모른다.

예를 들어, 머신러닝 시스템에 적합한 응용 프로그램은 무엇이며 사람은 어떤 결정을 해야 할까?

컴퓨터가 여러분의 건강과 관련된 결정을 해야 할까? 아니면 법 집행기관의 행동을 결정해야 할까? 또는 신용카드나 대출을 받을 수 있는 사람을 결정하도록 해야 할까?

가장 중요한 머신러닝 시스템을 만드는 데 사용할 훈련 데이터를 수집하는 책임은 누구에게 있을까? 그리고 훈련을 어떻게 진행했는지 누가 확인해야 할까? 머신러닝 시스템을 어떻게 평가하며, 여러분이 사용하는 머신러닝 시스템의 평가 결과를 확인할 수 있어야 할까?

훈련 데이터의 양과 균형이 머신러닝 모델에 미치는 영향과 머신러닝 모델의 성능을 설명하기 위해 사용하는 측도, 그리고 머신러닝 모델을 잘못되게 만들 수 있는 것들 등 이 책에서 배운 기본 사항들은 모두 이런 중요한 질문들을 생각하는 데 도움이 된다.

또한 머신러닝을 더 공부하고 다양한 머신러닝 시스템을 구현하는 방법을 배우기로 했다면 이런 기본 사항이 매우 중요하다. 이 책을 통해 여러분이 더 많은 것을 탐구할 수 있기를 바란다.

⟳ 다음 단계

머신러닝을 더 배우고 싶다면 여러분만의 머신러닝 프로젝트를 구현해보면 좋다. 전 세계의 기업들이 만든 인공지능 프로젝트 중 상당수는 지금까지 해왔던 것처럼 "클라우드"에서 제공하는 온라인 머신러닝 서비스를 사용해 만들어진다. 여러분은 훈련 데이터를 클라우드 서비스에 제공하고, 클라우드 서비스는 여러분이 제공한 훈련 데이터를 사용해 머신러닝 모델을 만든다. 그런 다음 여러분이 필요한 일을 제대로 수행하는지 평가한다. 스크래치를 계속 사용하거나 파이썬^{Python}과 같은 텍스트 기반 프로그래밍 언어를 사용할 수도 있다.

머신러닝이 어떻게 동작하는지 더 알고 싶다면 클라우드에서 구축돼 호스팅 중인 머신러닝 모델을 사용해 여러분만의 모델을 만들고 실행할 수도 있다. 이렇게 하면 머신러닝 시스템의 행동을 더 세부적으로 제어할 수 있으며 내부적으로 작동하는 방식을 배울 수 있다. 파이썬과 같은 텍스트 기반 프로그래밍 언어를 사용해야 하지만, 이런 언어를 사용할 예정이라면 다양한 머신러닝 기술 프레임워크로 시작할 수 있다. 가장 널리 사용되는 프레임워크 중 하나는 텐서플로^{TensorFlow}이며, 텐서플로 웹사이트(https://www.tensorflow.org/)에서 제공하는 무료 튜토리얼을 사용하면 첫 번째 머신러닝 모델을 쉽게 만들 수 있다.

이 책이 머신러닝 여정의 출발점이 되기를 바란다. 머신러닝에 대해 배운 내용으로 인공지능 프로젝트와 응용 프로그램을 만들거나 직접 머신러닝 모델을 구축하거나 또는 매일 이용하는 온라인 서비스가 어떻게 동작하는지 더 잘 이해할 수 있도록 다음 단계를 잘 진행하길 바란다.

찾아보기

스크래치로 배워보자! 머신러닝
13가지 AI 프로젝트

발 행 | 2022년 4월 29일

지은이 | 데 일 레 인
옮긴이 | 장 기 식 · 김 정 선 · 한 택 룡

펴낸이 | 권 성 준
편집장 | 황 영 주
편 집 | 조 유 나
　　　　김 진 아
디자인 | 윤 서 빈

에이콘출판주식회사
서울특별시 양천구 국회대로 287 (목동)
전화 02-2653-7600, 팩스 02-2653-0433
www.acornpub.co.kr / editor@acornpub.co.kr